新任1年目からうまくいく！

子どもの心をパッとつかむ

驚きの授業ルール

中嶋郁雄 編著

学陽書房

はじめに

　特に小学校の教師にとって、授業は、学校教育の本丸とも言えるもっとも重要な教育活動です。授業時間こそが、子どもと関わる時間としてもっとも多い機会です。その授業時間において、子どもたちは、学力はもちろんのこと、集中力や忍耐力などの生きるための基礎となる力、また、学習規律を通してきまりを守ることや集団生活の基礎を学んでいきます。子どもとの関わりも、生徒指導をする機会も、授業を通して行われるのです。

　そして、その「授業」が学校生活のほとんどを占めている以上、生徒指導や行事運営を行う力はもちろん大切ですが、教師にとってもっとも重要で、必要不可欠なのは、「授業力」なのです。

　ところが最近、「思うように子どもの学力が身につかない」「つまらなさそうに座っている子がたくさんいるけれど、どうしたらいいだろうか」「すべての子が参加できる授業ができない」「自身の授業において、このような状況をなんとかしなくては」……と、不安を感じている若い教師たちの声を耳にすることが多くなってきました。授業力を身につけるために何をすればいいのかと、日々悩み、それをひとりで抱え込んでいる姿を目にすることもあります。しかしそうした悩みは、決して若い教師たちだけのものではありません。どんなに経験豊富な教師でも、授業の力量を身につけ、高めていくために、日々悪戦苦闘と努力を重ねています。

　「完璧な授業などあり得ない」と言われるほど、授業は奥が深く、また、

授業力は一朝一夕で身につくものではありませんが、子どもに学力が身につく授業づくり、子どもが生き生きと参加する授業づくりを求めて、スキルアップの必要性を感じながら、授業に対する熱い思いをもって全国各地に出向き、積極的に学ぶ若い教師たちも増えています。
　そうした若い教師たちからは、
　「子どもや保護者から信頼を得る教師になりたい」
　「子どもにとって、つまらない授業にはしたくない」
　「子どもの意欲を高め、学力を伸ばす授業がしたい」
といった、子どもに対する深い愛情や授業づくりに対する熱が、ビンビンと伝わってきます。

　本書は、そんな情熱あふれる若い教師たちが、新任時代からの経験や失敗も織り交ぜながら、日々の奮闘・実践から検証を重ね、確実に手応えを得てきた授業アイデアを集めた一冊です。子どもと近い感覚で、今どきの子どものハートをとらえるアイデアにあふれています。単に、授業のHOW TOととらえるのではなく、さまざまな技術を支えている、若さあふれる生き生きとした感覚と、彼らなりに学んできた授業論を読み取っていただければ幸いです。
　若い教師の方々には、毎日の授業でご活用いただくことはもちろんのこと、授業づくりに悩んでいる教師の方々には、キャリアを問わずに、ぜひ、ご自身の授業の参考にしていただけたらと思います。子どもたちが集中して学習に取り組んだり、目を輝かせて授業に参加したり、意欲

的に学力を伸ばす努力をしたりと、授業が見違えるように変わっていくはずです。
　これからの教育界を支える、若い教師の方々にとって、本書が役立つ一冊になれば光栄です。

　最後になりましたが、若手教師を育てるためにご尽力を賜り、最後までご指導くださいました学陽書房の皆様に、この場をお借りして深謝申し上げます。

　2016年2月

中嶋郁雄

contents

はじめに……………3

Chapter 1 ここを押さえればうまくいく！授業づくりの基礎・基本

●学級づくりも、生活指導も、人格形成も、
　すべての基礎は「授業」にある！……………12
①子どもがパッと集中して聞く教師の「話し方」……………14
②子どもが間違いを恐れない教師の「聞き方」……………16
③子どもに真似したいと思わせる
　「あいさつ」と「姿勢」……………18
④集中力は時間厳守とメリハリから！
　「45分間の時間術」……………20
⑤板書案と明確なルールで授業が安定！
　「板書」と「チョークの使い方」……………22
⑥発言力や思考力をアップさせる「ノート指導」……………24
⑦子どもにスキをあたえない「机間巡視」……………26
⑧良い緊張感を持続させる「指名」……………28
column 1 ▶▶ 「本物」の授業を知った感動の日……………30

Chapter 2 授業が成功する秘訣はここにある！
学習習慣の徹底指導

- ●子どもの学力アップだけじゃない！
  学習習慣は学級経営に直結する……………………32
- ①やる気のスイッチはここから入る！**「授業準備」**……………34
- ②基礎学力は作法から！**「起立＆着席」**……………36
- ③集中力をぐんと引き出す
  「椅子の座り方・姿勢の正し方」……………38
- ④望ましい授業風土をつくる**「正しい言葉づかい」**……………40
- ⑤どの子も話せる！聞ける！**「話し方ルール」**……………42
- ⑥友達の意見から気付きを発見させる**「聞き方ルール」**……………44
- ⑦子どもの参加意識をどんどん高める**「発言ルール」**……………46
- ⑧指導事項とリンクした**「まとめの書かせ方」**……………48
- **column2** ▶▶ 理想を求め、焦りすぎた失敗……………50

Chapter 3 学びの意欲を育てる！
授業の組み立て方・進め方

- ●子どもの輝きと学校生活の充実は、
  学ぶ意欲に比例する！……………52
- ①子どもを一気に引きつける**「導入」**……………54

contents

② ゴールを示してからの学びのスタート!「めあての明示」…………56
③「知りたがり・やりたがり」を刺激する!「説明・指示」…………58
④ どの子も夢中で手を挙げる「発問」…………60
⑤ 子どもの集中・熱気が持続する「ユニット展開」…………62
⑥ 学ぶことのおもしろさを味わわせる「ゆさぶり」…………64
⑦ 技能や主体性が身につく「調べ学習」…………66
⑧ 大事なのは何を得るか! これが本当の「話し合い活動」…………68
column3 ▶▶ 授業構成組み替えのすすめ…………70

Chapter 4
全員参加の豊かな学びでクラスもまとまる!
授業デザイン・展開術

● 授業の中に、集団づくりの基礎が詰まっている!…………72
① 思いやりと連帯感を芽生えさせる「ペア学習」…………74
② 仲間との成功体験をつかみ取らせる「課題づくり」…………76
③ 協力と助け合いを体験させる
「一人の子どもだけではできない学習」…………78
④ 一人ひとりの違いに明るいスポットを当てる
「意見が分かれる選択肢の設定」…………80
⑤ 聞き合い、認め合う姿勢を育む「つぶやき宝探し」…………82
⑥ 競争心に火をつけ、団結力を爆発させる「グループ競争」…………84

⑦「教えたがり・やりたがり」を目覚めさせる
「協働・ワークショップ型授業」……………86
⑧集団で学び合うことの楽しさがあふれ出す
「ユーモア注入」……………88
column4 ▶▶ 既存の授業技術を疑う……………90

Chapter 5 どの子もわかる！夢中になる！ 教科別授業アイデア

● 同じスタートラインが、子どもに自信をもたせる！……………92

① 国語科：実践1　「手引き」に注目して国語授業を変える……………94
　国語科：実践2　「間接的に問うこと」を基本に……………95
　国語科：実践3　タイプ別学習法で漢字指導……………96
　国語科：実践4　難読漢字を調べさせよう……………97

② 算数科：実践1　タイプ別学習法で時間の指導……………98
　算数科：実践2　単元第1時は「復習」の時間を！……………99
　算数科：実践3　時間毎の出発点を準備する……………100
　算数科：実践4　分数のかけ算（真分数×帯分数）……………101

③ 社会科：実践1　「考えを広げる」社会科学習……………102
　社会科：実践2　苦手な子もできる地図指導……………103
　社会科：実践3　重要語句の暗記はお任せ！「班クイズ」……………104
　社会科：実践4　社会科資料の手に入れ方・見せ方……………105

④ 理　科：実践　　動画を活用することで学習意欲UP！……………106

contents

⑤体育科：実践　　全員を巻き込む「ルールのマイナーチェンジ」……………107
⑥図画工作科：実践1　単元の導入で見本作品を見せてみよう……………108
　図画工作科：実践2　本物そっくり………………109
column5 ▶▶ 得意教科を無理にでもつくろう……………110

Chapter 6 みるみる自信がつく！授業がうまい教師が必ずやっている事前準備

●努力なくして成長なし！ 子どもに恥じない努力を……………112
①とにかく教科書を大事に！**「教科書研究」**……………114
②自分の得意な「型」を見出す**「授業研究」**……………116
③こうすればコツがつかめる！**「教材研究」**……………118
④質より量からコツがつかめる！**「指導案づくり」**……………120
⑤自分の課題が見えてくる
　「公開授業と研究協議の心構え」……………122
⑥「保護者の安心」と「子どもの成長」を核にする
　「参観授業づくり」……………124
⑦お得感のある工夫を尽くして保護者を巻き込む
　「保護者会づくり」……………126
⑧「師匠」との出会いこそがスキルアップへの道！**「時間外活動」**……………128
column6 ▶▶ 「すごい授業」を再現してみよう……………130

Chapter 1

ここを押さえればうまくいく！

授業づくりの基礎・基本

学力形成・人格形成が意識されない授業は、
「よい授業」とは言えません。
子どものどのような力を育てるのかを、
明確に意識して授業づくりをしましょう。

学級づくりも、生活指導も、人格形成も、すべての基礎は「授業」にある！

> 子どもにとって、学校生活の７割弱の時間が授業です。そして、その授業が、教師力の「本丸」です。授業の中で、友達関係や規律を学ばせなくてはなりません。授業は、学力形成の場であると同時に、人格形成の場であると意識しておきましょう。

①授業には、人格形成の要素が詰まっている

　授業には、気分が乗らなくても、我慢して参加しなくてはなりません。そのことが、忍耐力や人との協調性を培うことになります。指名されれば、恥ずかしい気持ちに打ち克って、意見を主張しなくてはなりません。そのことが、勇気と自信につながっていきます。何かに取り組む時の集中力も、授業によって鍛えられていきます。
　このように、授業は、教科の学力を形成するだけでなく、「忍耐力」「協調性」「勇気」「集中力」といった、人として大切な力の基礎形成に深く関わっています。授業は、学力形成の場であると同時に、人格形成の場であるという認識をもって臨むようにしましょう。

②置かれた環境への適応力の育成

　将来、子どもたちが、社会で生きていくためには、置かれた環境に適応していく力が必要です。たとえ、自分の思い通りにならなくても、つらく苦しい状況に置かれたとしても、自分に課せられた仕事や役割を進めていかなくてはなりません。考えてみれば、人生とは、自分の思うようにならないことばかりと言っても過言ではありません。そのような状況に適応するためには、「やるべきことをやる」力を、子どものうちから育んでいかなければならない

のです。
　教師は、たとえ子どもの気分が乗らなくても、参加させ、学力をつけさせなくてはならないという視点で、授業をとらえ直す必要があります。

③自尊感情の育成

　良い授業の条件の1つに、「子ども自らに考えさせ、苦労させ、解決させる」ことがあります。授業の楽しさは、「分かった」「できた」「がんばった」という、自分自身への自信を得ることです。たとえ、満点を取ったとしても、それが、教師や親から手取り足取り教えられながら得たものだったとしたら、子どもは満足感を得ることはありません。
　子どもになんの疑問をもたせることもなく、解を導き出すための苦労をさせることもない授業、教科書や参考書にある知識をあたえるだけの授業は、正解を導き出すための過程の中にある学びの楽しさを、子どもから奪っています。そのような授業は、知的好奇心を喚起することもなく、「できた」「分かった」という自信をあたえることも当然ありません。
　授業は、学力形成の場です。しかし、単に知識や技能を身につけさせるだけでなく、自尊感情を育む場でもあることを忘れてはなりません。

④自律に向けた基礎の育成

　三度の食事よりも勉強が大好きという子は、そういるものではありません。大方の子が、怠けたいと思う心と闘いながら、授業に臨んでいます。しかし、取りかかりはそういう気持ちであったとしても、子どもが夢中になる授業であれば、子どもは自分から進んで学習に取り組むようになっていきます。そして、知らず知らずのうちに、「勉強は自分でやるもの。能動的にやるから楽しい」と、言葉では表現できなくても、感覚的に覚えていきます。それは、自律の基礎を育んでいることです。

Chapter 1
子どもがパッと集中して聞く
教師の話し方

これから大事な連絡をしなければならないのに……。ここが授業の大切なまとめなのに……。そんな時に限って、子どもたちは教師の話をなかなか聞いてくれないものです。その原因は、もしかすると、教師の話し方に「間」が抜けていることかもしれません。

★………自分の話し方を振り返る

　子どもたちがなかなか話を聞いてくれない。これは、若い先生ならば一度は直面する「あるある」悩みの1つです。教師が説明をしているのにもかかわらず、ザワザワ……。これはいったい、なぜなのでしょう？

　決して、子どもたちは教師のことが嫌いだから、ということではないのです。そうではなく、その原因は、もしかすると、教師の「話し方」にあるのかもしれません。あなたの話し方は、ただひたすら延々と話し続けているようになってはいませんか？　ずっと同じ調子で、隙間もないくらいに話し続けているということはありませんか？

★………びっくりするくらい「間」を取る

　国語の授業名人、野口芳宏先生（植草学園大学名誉教授）は音読指導の際、次のように子どもへ指導します。

　「題名と本文の間は、びっくりするくらい『間』を取りなさい」

　話し方において、「間」はとても重要な要素です。野口先生は、①間がないのは「間抜け」、②間を間違えることを「間違い」、と言います。

　私たち教師も、無意識に「間抜け」「間違い」という失敗をしてしまっているかもしれません。「間」のない話し方は、子どもたちにとっても飽きやすく、

頭の回転をストップさせてしまうのです。

★……「間」を取って話してみよう

　早速、あなたの話し方にも意識して「間」を取り入れてみましょう。「間」を取るタイミングは、「ここは聞いてほしいな！」と特に思う部分の前です。そこで、「ビックリするくらいの間」（5秒以上）を取ってみてください。

　きっと、子どもたちは「なんだなんだ？」と思い、先生の顔をまじまじと見ることでしょう。「次は何を話すのだろう」と、子どもたちは「間」を待ちながら期待するのです。子どもが思わず身を乗り出してしまうくらいまで「間」を取ってみてください。

教師が適切な「間」を取ることで、子どもは集中する！

＋one point！　より効果的にするためには！

授業の際、自分の話し方を、ぜひ録音してみましょう。そして、勇気を振り絞って再生ボタンを押してください。それだけで大きな改善点が見つかります。

Chapter1 2 子どもが間違いを恐れない 教師の聞き方

> 教師が発問しても、いつも数人の同じ子どもしか手を挙げない。多くの子どもが下を向いてしまう。これは、授業でよくある状況です。うまくいかない時は、どうしてそうなってしまうのか、原因を考えてみましょう。解決ポイントは3つです。

★……… カウンセリングマインドを使いこなす

　教師の発問にいつも数人しか手を挙げないのは、クラスの子どもたちみんながおとなしい性格だからでしょうか。そんなことはありません。みんな間違えるのが嫌なのです。恥ずかしいのです。不安なのです。まずは、そうしたマイナスの気持ちを、少しでも減らしてあげましょう。

　その1つ目のポイントが、カウンセリングマインドです。相手のことを否定せず、話を聞き、受け止めてあげることで、肯定的に受容していくのです。そこには、言葉だけでなく、聞く時の表情や姿勢、立ち位置なども含まれます。やさしい表情で、子どもが「発表して良かった」と思えるように受け止めてあげましょう。

★……… 間違うことの大切さを事前に伝える

　2つ目のポイントは、子どもたちの考え方を変えてあげることです。子どもたちは、「間違えるのは良くないことだ」と考えています。その考え方が間違っていることを教えてあげましょう。

　世紀の大発明は、すべてたくさんの失敗から生まれています。間違いや失敗があるからこそ、人は成長するのです。「学校（教室）は間違うところ」「たくさん間違えると、その分賢くなる」ということを事前に教えてあげましょ

う。子どもたちが「なるほど」と思うような具体的な話をしましょう。

そして、言葉だけでなく、「人は誰でも間違うこと」「失敗から成功が生まれること」を授業の中で意図的に体感させてあげましょう。子どもたちの姿勢がみるみる変わってきます。

★……ほめ方は無数にある

3つ目のポイントは、子どもたちが間違った発言をした時の言葉のかけ方です。まさか、「そうだね」とは言えません。そんな時は、子どもの発言内容だけでなく、他のことも含めて肯定的に受け止めてあげましょう。例えば、「難しい問題に挑戦して立派です」「とっても聞きやすい話し方ですね」などです。

教師が聞き上手だと、子どもたちは活発に発言する。

＋one point！ より効果的にするためには！

教師が上手な聞き方を具体的に見せることで、模範を示し、それを子どもたちも身につけていくことができるように教えてあげましょう。これで、子どもも聞き上手です。

Chapter 1
3 子どもに真似したいと思わせる
あいさつと姿勢

「あいさつの声が小さい！」「背筋が伸びていない！」……。いつも言い続けているのですが、なかなか直りません。子どもは、無意識に、格好いいもの、ステキなものに憧れをもち、真似をするものです。あいさつや姿勢も、まずは教師が格好いい手本を見せましょう。

★………礼儀・作法の基本

子どもたちにあいさつや姿勢の指導をする際には、必ず教師が趣意説明を行わなければなりません。「どうしてあいさつをするのか？」「なぜ必要なのか？」……。教師が自分自身の言葉で具体的に伝えるのです。失敗談や成功談を交えたり、子どもたちを仮定したエピソードを盛り込んだりしながら、熱く語っていくといいでしょう。

また、その時、必ず、「あいさつや姿勢が、礼儀・作法の基本であること」を理解させます。人間社会、人間関係は、「相手」あってのことであり、「自分が損をするから」というだけでは、指導は完結されません。自分だけでなく、相手のことを思いやることを大事にすべきであることを伝えましょう。

★………やらない気持ちを教師が代弁し、その気にさせる

趣意説明だけで、全員が大きな声であいさつをし、背筋が伸びるなら、教師も苦労はしません。大人だって、いつもスッと背筋を伸ばし、大きな声で誰にでもあいさつできるわけではないのですから。なぜなら、朝は眠かったり、風邪をひくとしんどかったり、怒られると落ち込んでしまったり……などとさまざまな理由があるからです。それは、子どもも同じなのです。ですから、あいさつ前には、教師がその気持ちを代弁してあげるのです。「今日

は先生眠たいです。だから、あいさつの声を大きくします」などというように。そうすれば、子どもたちも教師に親近感を抱き、真似してくれます。

★ 専科の教師は気負わず子どもと向き合う

しかし、専科などで授業を受け持つ場合は、そう簡単にはいかないでしょう。それは、子どもたちとの関係づくりが、担任教師のようにはできないからです。これは考えてみれば当たり前のことです。子どもにとってみても、人間関係のできていない教師には、親近感を抱きにくいものです。

もちろん、礼儀・作法なのですから、理想は「誰にでも同じように」と指導をするべきですが、それは小学生においては完璧でなくてもいいでしょう。教師がそれぞれの立場で、気負うことなく、その気持ちの「種」を子どもの心に、少しずつでも蒔いていってあげられればいいと思います。

前に立つ教師が気持ちを代弁すると、子どもは安心する！

＋one point！ より効果的にするためには！

正しい姿勢、正しいあいさつの仕方を、教師自らさまざまな場面で手本を見せていきましょう。また、教師こそが、子どもの前で意識できていない場合が多いことにも気付くべきです。

Chapter1 4 集中力は時間厳守とメリハリから！
45分間の時間術

> チャイムが鳴っても、子どもが座ってくれない。授業が開始して5分たっても、授業の本題になかなか入れない。授業の開始が遅くなるから、授業を延長してしまう。そんな悩みをスルッと解決する、とっておきの時間術をご紹介します。

★………授業のゴールデンタイム「開始5分間」を大切に！

　授業は、なんと言っても、開始5分間が重要です。その開始5分間で子どもが学習する態勢になれば、その後の学習もスムーズになります。

　しかし、子どもは休憩時間を全力で楽しんでいます。チャイムが鳴ると同時に、学習モードに切り替えることは、とても難しいことです。だからこそ、教師が導いてあげなければなりません。そのためにも、チャイムと同時に授業を始めます。教師が待たないと分かると、子どもも早く準備するようになります。それは、自分が困るからです。そして、早く準備して待っている子からの不満もなくなります。

★………オープニングテスト＆ノートまとめで安定させる

　授業の始めに行う「オープニングテスト」が有効です。授業開始と同時に、前時の復習テストをするのです。休憩時間の後半には、数人の子どもは席に座ってテスト勉強をしています。

　授業の最後の5分間は、「ノートまとめ」が効果的です。本時で学習したことを、自分の言葉で、絵や図を用いてまとめさせるのです。自分でまとめることで、学習したことが整理でき、自分の学習を振り返ることができます。そして、授業は、間違いなくチャイムと同時に終了することができます。

★……始業、終了時のメリハリに効果的な活動例

活動	教科	始業／終了	方法
オープニングテスト	全教科	始業	授業開始と同時に、前時の復習テストをする。
ノートまとめ	全教科	終了	本時で学習したことを、自分の言葉でまとめる。
フラッシュカード	全教科	両方	フラッシュカードをテンポよく読む。
地名探し	社会科	両方	地図帳で地名を探す。

オープニングテストで、始業すぐに勉強モード！

＋one point！ より効果的にするためには！

子どもが熱中する（盛り上がる）活動と、集中する（静かに取り組む）活動の両方を使えると、より効果的です。

Chapter 1
5 板書案と明確なルールで授業が安定！
板書とチョークの使い方

「授業終了時の黒板を見れば、その授業が分かる」と言われるほど、板書と授業はつながっています。1時限の授業につき1分でもいいので、板書案を具体的に考えて日々の授業に取り組んでみましょう。

★……… 1時限の授業で1枚の板書を

　一般的な黒板の大きさは、縦120㎝、横360㎝です。横に長いので、子どもがノートをとりやすいよう、授業では黒板を2分割か3分割して使うことが多くなりますが、できるだけ板書は、消して書くということをあまりしないほうがいいでしょう。

　板書は、子どもとともにつくり、学びの足跡になるものです。授業終了時、黒板を見て「こんな勉強をしたんだなあ」と子ども自身が振り返ることができるよう（p.48〜49「指導事項とリンクしたまとめの書かせ方」を参照）、黒板1枚で板書案を考えましょう。

★……… 黒板に関するルールは4月中に

　黒板に書く内容は、教科書のまとめをはじめとする「ノートに写させる事柄」と、話し合いの際に出された意見や理由といった「ノートに写さなくてもよい事柄」に二分されます。「写す／写さない」については、授業のルールとして4月中に決めておくといいでしょう。

　ちなみに、板書の際の文字のサイズは、学年が上がるほど小さくなるのが一般的です。低学年は10㎝、中学年は8㎝、高学年は6㎝四方の正方形に収まる大きさで書くといいとされています。

22

★ チョークに関するルールと特別な配慮

4月の最初の授業で、板書に関するルールを子どもたちに伝えましょう。例えば、「黒板の黄色は、赤鉛筆で書くということですよ」「黒板は横長なので、先生は行を変えて書きますが、ノートは縦長なので下に続けて書いていいのですよ」といったものです。

一方で、色に対して特別な配慮が必要な子どももいます。例えば、「（色覚異常を抱えていて）赤系の色チョークで書かれた文字が見えにくい」「使用するチョークの色の数が多いと、落ち着いて学習に取り組みにくい」などです。白や黄はよく見え、色の数も抑えられますので、この2色を中心に板書案を考えましょう。

記録を取り、振り返ることで、板書技術に磨きがかかる。

➕one point! より効果的にするためには！

板書は、子どもとともにつくり上げた授業そのものです。板書案通りにいかないことも多いですが、それでも振り返る機会を設けてみましょう。

Chapter 1

6 発言力や思考力をアップさせる ノート指導

子どもたちは、ノートをどのように考えているでしょうか。もしも、「先生が黒板に書いたものを、ただ書き写すもの」としか考えていないのならば、ノートのもつ力を発揮させることができているとは言えません。

★………「ノートは相談相手」

私は、子どもたちに「エジソンのノート」を見せることがあります。エジソンのノートには、その時の研究内容だけではなく、その時に思いついたことや、まったく関係のない別の研究について書かれているからです。今までは決まったことだけをノートに書いてきた子どもたち。それを見るだけでも「ノートとは、決まったことを書くだけのものではない。むしろ、自分の考えを書くものなんだ」ということに気が付きます。

「自分の考えをノートに書く」ことは、子どもたちにとってハードルの高いことです。エジソンのノートのようなモデルを見せることは、有効な手立ての1つです。

★………書く機会はいくらでもある

「ノートは自分の考えを書くもの」と知った子どもたちには、どんどん考えたことを書かせていくようにしましょう。「〇〇について賛成か反対か。自分の立場とその理由をノートに書きましょう」「今の話を聞いて、考えたことを書きましょう」……。書く機会はいくらでも見つかります。「書く量と質は正比例する」（有田和正先生）です。

とにかく、教師は子どもに「書く機会をあたえる」ことです。書く力を高

めるためには、量がとても大切なのです。

★………書くから発表できる

「この問題について意見がある人？」「はい、○○さん」……。よく見られる何気ない授業風景ですが、これでは子どもたちに発言力をつけることはできません。「発問→挙手→指名」では、学習を十分に理解している数名しか発言することができないのです。

発言力をつけさせるには、ノートを使い、次のような指導に変えましょう。「この問題について、自分の考えをノートに書きましょう」→子どもたち、書く。→「書けた人は発表しましょう」という指導です。つまり「発問→ノートに書く→挙手・指名→発表」に変えるのです。こうすると、どの子も無理なく発表することができます。

自分の考えをノートに書くことに慣れるとイキイキする！

＋one point！　より効果的にするためには！

話し合い活動中は、メモをとらせることを習慣づけましょう。高学年ならば１時限の話し合いで３ページでも４ページでもノートをとれるようになります。

Chapter1 7 子どもにスキをあたえない
机間巡視

机間巡視は、何を、どうするといいのでしょうか。一人ひとりの子どもの状況をくまなく見ているつもりでも、じつは、子どもたちには教師の死角がすっかりばれているかもしれません。そんなスキをつくらないようにするためのポイントを紹介します。

★………まずは自分の癖を理解

「無くて七癖」とはよく言ったもので、どんな教師にも授業の癖があるものです。そしてそれは、指示や発問、動作など、すべてにおいてです。癖という字には、「やまいだれ」が付くように、つまりは病を治していくようにその授業の癖を見直さなくてはなりません。

当然、机間巡視にも、それぞれの教師によって癖があります。右回り、左回り、どちらから回ることが多いでしょうか。また、無意識に、見て回るのが疎かになってしまう位置がありませんか。「先生はいつも左から回るなぁ」「右前の席の時は、先生はあまり見にこないなぁ」……。子どもたちは教師の癖に気付いています。

★………子どもの意見をイメージしてから回る

すべての子どもの意見を、その場ではじめから記憶するのは難しいものですが、例えば国語や社会では、あらかじめ「取り上げたい意見」をイメージしておいてから、机間巡視に向かうと効率的です。そうすると、「この子とこの子の意見を戦わせられるな」「あの子の意見は、この子の意見と合わさるととても良い」などというように、その後の授業展開にも生かしやすい考えを巡らせることができます。また、教師の意図とまったく違う答えばかりがノー

トに書かれていたら、追加発問を用意することもできます。何も考えずに真っ白な状態で回っても、子どもの意見を把握したり、その場で展開を瞬時に考えたりすることは難しくなります。

★………机間巡視中はどこを見る？

歩きながらどこを見るのかという「視点」も重要です。意識をしないと、どうしても歩いている通路のそばの子どもばかりを見てしまい、子どもたちにスキをあたえてしまうからです。

ポイントは、1つ向こう側の席の子を見ることです。例えば、突然、1つ向こう側の席の子のノートを読み上げ、「その意見いいね！ どこから考えたの！？」などとほめてあげると効果的でしょう。その子はもちろん、周囲の子どもたちもきっと驚いて、よい緊張感が生まれます。また、気にせず通り過ぎたふりをして、しばらくしてから意見を読み上げる方法もおすすめです。「見てたのかよ！」という微笑ましいツッコミが聞こえてきます。

ついついしてしまう癖を意識して、視点は1つ向こうへ！

one point！ より効果的にするためには！

子どもに影響がない程度に、「突然引き返す」「突然スピードを上げる」などのテクニックを用いるのも効果的です。また、「後でこの意見を言ってね」などと、発言の苦手な子への配慮も忘れないようにしましょう。

Chapter1 8 良い緊張感を持続させる
指名

> 授業中に子どもたちの集中力がきれてしまうことは、よくあることです。緊張感がなくなって、子どもたちがだれてきてしまうのです。教師自身も「この雰囲気、乗ってきてないな」と感じたら、すぐに指名の仕方を変えてみましょう。教室が激変します。

★………緊張感がなければ子どもはだれる

多くの子どもにとって、発言するということは緊張を伴うものです。逆を返せば、発言がなければ緊張感がなくなるということです。教師が一方的に話し続ければ、机に突っ伏してしまう子どもが出てきます。それならば、挙手をさせて発言させればいいとも考えられます。しかし、最初からその方法では、クラスの決まった子どもしか挙手をしません。手を挙げなければ、当てられることもないと子どもたちが理解してしまえば、それこそ緊張感がなくなって、だれてきます。

★………指名されて当然という空気をつくり出す

いつ、当てられるか分からないという空気は、子どもたちの気持ちを引き締めます。例えば、「この意見に賛成ですか？ 反対ですか？ この列、起立して答えなさい」というだけでも、まったく違った緊張感をあたえることになります。また、「ノートを書く手が動いていなかったり、ボーっとしたりしている人は注意しておきなさい。答えてもらいますよ」などと言っておいても、子どもたちはいつ自分に当てられるか分からないので、態度がピリッと引き締まります。

★………○○さん、と見せかけて……

1つの授業を、始めから終わりまで目一杯緊張した状態で行うのは、子どもたちにとっても、教師にとっても、しんどいものがあります。そんな時は、ユーモアを加えて小さな笑いを入れると、楽しく集中できます。

例えば、「では、これを○○さん、と見せかけて、ニヤニヤ授業を受けている○○くん！」「次は○○さん、の横にいる○○さん……の前にいる○○くん!!」……。急に当てられた子はビクッとなりながらも、クラス全体に温かい笑いが満ちて集中することができます。そうして、みんなが当てられているうちに、少しずつ挙手が当たり前になってきます。

常に自分が当てられるかもという緊張感をもたせよう！

＋one point! より効果的にするためには！

挙手が増えてくる状態になると、今度は挙手をしない自由発言をさせます。次は誰が発言するのか、というさらなる緊張感をもたせることができます。

column
1

「本物」の授業を知った感動の日

　教職に就いた頃の私は、
「教科書に沿って、計画通りに流しておけば、それで授業が成立する」
「指導書通りに進めていけば、それで教えたことになる」
などと、授業というものについて深く考えることなく、毎日教壇に立っていました。もちろん、ユーモアや手作り教材などの「スパイス」を取り入れながらの授業でしたが、子どもたちがそれほど盛り上がらなくても、1時限の授業で理解できない子が大勢いても、「授業とは、元来そのようなもの」と、軽く考えていました。

　ある時、友人に誘われて、著名な先生の講座を受けるために東京に出向きました。そこで、その先生の模擬授業を受けたのですが、子どもの立場に置かれた自分が、どんどん授業に引き込まれていくのが、その場で実感できました。先生の発する問いを真剣に考え、指名されるかもしれないという不安におののきながら、模擬授業の時間は、あっという間に過ぎてしまったのです。
「授業って、こんなにもわくわくどきどきするものなのだ」
「学ぶことは、こんなにも楽しいことなのだ」
と、心地よい充実感に包まれていたことを覚えています。その時、頭の片隅に、担任している子どもたちの顔が浮かんだのです。そして、こう思いました。
「私の授業を受けている子どもたちは、授業の楽しさ、学びの喜びを知らずに学校に来ていたのだ」
　本当に申し訳ない気持ちでいっぱいになりました。
　考えてみれば、私自身、教職には就いたものの、まともに授業術について学んだことなどありませんでした。そんな教師の授業が、子どもを喜ばせることなどできるはずもありません。私に、学ぶ楽しさとともに、授業の力量を高めなくてはならないと模擬授業を通して教えてくださった著名な先生のようになりたいと、強く思いました。それから、私の本当の教師生活が始まったのだと、思っています。
　教職に就けば、誰でも授業をすることはできます。いや、授業をせざるを得ません。それでも、同じ授業なら、子どもに学ぶ楽しさをあたえる「本物の授業」を目指したいと思える出会いがあったことに、今も深く感謝しています。

授業が成功する秘訣はここにある！

学習習慣の徹底指導

良い授業のためには、学習習慣の徹底が大切です。
クラスを安定させて、
落ち着いた環境で授業をすることで、
学習意欲も学力も高めていくことが可能になります。

Chapter 2 子どもの学力アップだけじゃない！ 学習習慣は学級経営に直結する

話をしっかり聞く、集中して取り組む、丁寧に書く、といった学習習慣を身につけることは、子どもの学力アップのためだけでなく、落ち着きのある規律を守る集団に成長するためにも、必要不可欠です。

①指示・発問の出し方は、学級経営の基本

　授業では、さまざまな指示や発問によって学習が進められます。学力形成のためには、指示や発問などの言葉がけは、子どもにとって理解しやすく、考える意欲を喚起するものでなくてはなりません。端的で明快な指示でなくては、子どもは教師の意図を理解することができず、機敏に行動することができません。やる気をかき立てる声かけができなくては、意欲的に活動しようとはしません。
　このことは、何も授業に限ったことではなく、学校生活のすべての場面に当てはまります。長々として、趣旨の分からない指示や発問で授業を進めていると、子どもは教師の言葉を受け入れようとしなくなってしまい、学級経営にも支障をきたしてしまいます。授業で、子どもへの教師の言葉を研ぎ澄ましていくことが、学級経営の基本になります。

②学習規律で思いやりの心を育む

　授業では、さまざまな学習規律を学ばせていきます。子どもが学習規律を身につけることは、学力形成のために、学習習慣の中でももっとも大切なものであり、思いやりの心を育むことにもつながります。
　文字を丁寧に書けば、見る人が分かりやすい。ほどよい大きさの声で発言

すれば、聞く人に分かりやすい。先生や友達の話に耳を傾ければ、発言者も話しがいがある……。一人ひとりの子どもが学習規律を守って授業に臨むことで、指導する教師も、一緒に勉強する友達も、気持ち良く学習することができます。

　学習規律を身につけることは、「人への思いやり」の姿勢を身につけることにつながるのです。

③「けじめ」ある集団の育成

　授業は、同じ目的をもって集団で学ぶ「公の場」です。公の場では、自分勝手な行いは、もちろん控えなければなりません。周りの友達に迷惑がかからないように、学習のきまりを守って、時には我慢しなくてはならないこともあります。発表の仕方も、言葉づかいも、公の場という意識をもたせながら指導する必要があります。休み時間と同じように、友達にするような言い方をしたり、ぞんざいな態度をとったりすることを許してはいけません。

　教師の、「公私」の区別を意識して指導する姿勢によって、子どもたちに「やる時はやる」「気を抜く時は抜く」という緊張と弛緩とを区別する力が身につき、締まりあるクラス集団になっていきます。

④自主性を育てる

　低学年の頃は、「あいさつをしましょう」「起立しましょう」と、教師が丁寧に指示をして、学習習慣を教えていきます。それが、学年が上がるにつれて、「チャイムが鳴ったから席についてあいさつしなくては」「友達が意見を発表するから、相手を見て聞かなくては」と、子ども自身が自ら考えて、行動することができるようになります。教師から言われなくても、自分で考えて行動することができるようになって、はじめて「学習習慣が身についた」と言える状態になります。

　子どもの自主性とともにクラスの自主性を高めるためには、学習習慣を身につける過程で、子どもは自主性を高めていかなくてはなりませんし、教師はそのように指導をしなくてはなりません。

Chapter2 1

やる気のスイッチはここから入る！
授業準備

> 子どもたちは、45分間の授業で多くのことを学びます。その45分間をより濃いものにするためには、意欲的な状態にさせることが大切です。そのためにも、教師は、意欲的な状態にさせる授業準備に努めなければなりません。

★………「揃える」という気持ち良さを教える

学校生活の中では、たくさんの「揃える」場面が出てきます。例えば、靴箱の靴を揃える、列を揃える、提出物を揃える……。この「揃える」ことを身につけさせるためには、整っていることは気持ちの良いことなのだということを教えることが必要です。私は、年度始めに靴をきれいに並ばせて、子どもたちに直接確認させます。また、写真を撮って、整うことの気持ち良さを話します。すると、子どもたちは日に日に整えることを学び、身につけていきます。

★………次の時間の準備をする

「揃える」ことと同じようにして、次の時間の用意をさせておくことが大切です。教科書、ノート、また、教科によって必要となるものを用意させておきます。その際、どこに置くかまでを揃えさせると、子どもたちは整った教室を見て、やる気を出すようになっていきます。

また、なぜ次の時間の用意をするのかを子どもたちに考えさせます。子どもたちからは、「チャイムが鳴ったら、すぐに授業をすることができる」「忘れものをしていないか、授業が始まる前に確認できる」などの言葉が出てきます。これだけで、驚くほど素早く学習モードに突入することができます。

★………次の時間の学習を考えさせてくる

さらにステップアップを図るための授業準備として、前時に次の学習の課題を書いておき、それを家庭で考えさせてきます。

例えば、国語科ならば「登場人物は誰か？」、社会科ならば「織田信長は何をした人物か？」などをノートに書かせてきます。高学年ならば、理由や自分の考え、調べてきたことなどを書かせます。低学年ならば、理由や自分が思ったことだけでも良いと思います。

全員がやってこなくても構いません。しかし、必ず誰かがやってきます。その子をほめると、やってくる子がだんだんと増えてくるのです。すると、教室全体の学習意欲が高まってきます。

前もって準備ができていた子はしっかりほめてあげよう！

✚ one point！　より効果的にするためには！

子どもが授業準備をしたら、必ずほめてあげましょう。やる気のスイッチを入れることは、ほめることとセットにすることが大切です。

Chapter2 — 2

基礎学力は作法から！
起立＆着席

> 起立は、ただ立ち上がること、着席は、ただ座ることだと思っていませんか。起立や着席にはそれ以上の意味が隠されています。その心をなおざりにして、毎日を過ごしてはいないでしょうか。子どもたちにもやはり、本当の意味を伝えたいものです。

★………「敬意」が含まれる言葉である

　『大辞林 第三版』(三省堂)で「起立」という言葉を引くと、「立ち上がること。また、敬意を表する動作として立ち上がることを命ずる語。」とあります。つまり、「起立」には、ただ立ち上がることだけではなく、「敬意を表せよ」という強い意味が含まれていることが分かります。言われてだらだらと立ち上がるのは、「起立」とは言わないのです。子どもたちには、敬意を表するとはどういうことかを、教師自身の振る舞いで手本を見せなくてはなりません。

　また、だらだらと立つ子の中には、だらだら着席する子、やたらに速くドタバタと着席する子がいます。そうした着席の仕方はふさわしくないということを伝え、どうすればいいかを教師自身が具体的に見せていくようにしましょう。

★………正しい起立って？

　「正しい起立」と言われたら、どんな動作を思い浮かべるでしょうか。
　「敬意」という意味が言葉の中に含まれている以上、相手意識をもつことが重要です。教師が普段の行動で手本を見せていくのはもちろんのこと、「相手が不快に思わない行動」ということを子どもたちと考えていくことも大切です。例えば、教師がわざと音を立てて起立して、「これで良いですか？」と問

いかけるのです。すると、「良くない」「音をそんなに立ててはいけない！」などと返ってきます。次に、音を立てず、ゆっくり、ゆっくり、時間をかけて立ち上がる……などのロールプレイングを通して、「できるだけ素早く」「丁寧な動作で」立ち上がることを実感させていきます。

★………正しい座り方における「立腰」の大切さ

着席も、基本は起立と変わりません。相手意識をもって座る動作を行えばいいのです。ただし、あえて着席した後の姿勢にも注目しましょう。

森信三先生が提唱された「立腰」という言葉がありますが、これは、腰（骨盤）を立てて座る姿勢のことです。今の子どもたちの多くが、骨盤を立てる姿勢をとると「痛い！」と言いますが、これは、きっと今までにとったことのない姿勢だからなのでしょう。しかし、相手意識をもった座り方として、必ず覚えさせたい姿勢です。日頃から「立腰で座る・立つ」姿勢を指導して、できている子をしっかりとほめていきましょう。

立腰は子どもも大人も気にしたい姿勢です。

✚ one point！ より効果的にするためには！

組み体操で、人を背負って立てない子は「立腰」ができていない可能性があります。立腰をすると、足の前の筋肉と後ろの筋肉を使って立ち上がることができます。立腰はスポーツの基本とも言える姿勢です。

Chapter2 3 集中力をぐんと引き出す
椅子の座り方・姿勢の正し方

> 姿勢が悪い子が多い、じっとしていられない子がいる……。そういったことで悩む教師が多いようです。私のクラスにもそのような子どもがたくさんいました。ところが、以下の3つのポイントを意識して指導していくと、子どもたちは目覚ましく変化していきます。

★………まずは机を揃えることから始める

　6年生の担任になった時のことです。始業式の出会いの日、足を机の横に出して座る子どもが4人いました。後ろの席の子と話す子も大勢いて、瞬時に「まずは、ここから正さねば！」と感じました。

　そこで徹底して繰り返したのが、机を揃えること。授業が始まる前に「机を揃えましょう」、授業の途中にも「机を揃えましょう」と、1日のうちに何度も言い続けました。そして、その都度、できていた子をほめ続けたのです。そこで子どもたちに、はじめて「きちんと整えなければいけないんだ」という意識が芽生えてきました。

★………正しい姿勢をインプットさせる

　机を揃えることと並行して、正しい姿勢も教えていかなければいけません。足の裏をきちんとつけ、背もたれにもたれるのではなく、腰を立てるイメージで座らせます。この姿勢は、P.37にもありますように森信三先生が「立腰」と呼んでいるものです。また、それと同時に、机とおへその間隔を、こぶし1つ分あけさせます。そして、「そのまま後ろの人と話してごらん」と言うのです。すると、後ろを向くことも、横に足を出すこともできません。すかさず、「横に足を出している人や、後ろの人と話している人というのは、机とおへそ

がこぶし1つ以上あいているんだよ」と教えると、子どもは納得します。

★………多動性のある子どものためにも工夫が必要

　姿勢を正すことは、とても大切なことです。しかし、学級には多動性のある子どもが必ずいるものです。その子たちは、特性があってジッとすることができないのです。必ずしも、1時限の授業でずっと座っていることだけが良いのではありません。身体を動かす場面を、いくつか散りばめることで、より集中力が上がってくるのです。そのためにも、例えば、ノートを持ってこさせたり、黒板に書きにこさせたりと、動く場面をつくることも忘れないようにしましょう。

どんな時でも、正しい姿勢を教えてあげることが大切！

＋one point！　より効果的にするためには！

姿勢は癖のようなものです。身体に覚え込ませるためにも、繰り返し教えることが大切です。同時に、できていなくても、気長に待つことも必要です。

Chapter2 4 望ましい授業風土をつくる
正しい言葉づかい

> 荒れたクラスの授業では、必ずと言っていいほど、耳をふさぎたくなるような乱暴な言葉が飛び交っています。一方で、落ち着いて集中しているクラスの授業は、教師も子どもも丁寧な言葉づかいをしています。

★………授業中の教師の言葉は３種類

　授業中、教師が発する言葉は、大きく３つに分けられると言われています。それは、「発問」「指示」「説明」の３つです。発問でも、WHY型の因果関係を問うもの、HOW型の対象を知るためのもの、WHENやWHEREなどの一問一答形式のものなどに分別できます。しかし、いかに優れた発問でも、発問だけでは成り立ちません。指示とセットで、「答えはノートに書きましょう」「分かった人は挙手しましょう」というように使います。

　説明は、このままでは子どもが理解しにくいだろうと思うものを、より分かりやすくするものです。子どもがすでに分かっていることを、くどくど説明する必要はありません。

★………授業中と休み時間の言葉づかいの違い

　授業は、少し格式ばった「公」の性質をもっています。ですから、教師もある程度丁寧な言葉で話すべきです。呼び名も、子ども同士の指名でも、「○○くん」「○○さん」と呼ぶべきでしょう。

　一方で、休み時間は「私」の性質をもっていますので、少しくだけた言葉づかいでも構わないと考えます。名字ではなく、ニックネームや名前で子どもを呼ぶ教師もいます。

★ 子どもの言葉には、アンテナを高く広く

　望ましくない言葉が聞こえたか、聞こえていないか、悩んだ時は、「今、何て言ったの？」と問うてみましょう。まあいいだろうと聞き流してしまうと、子どもは、「この先生は、少々だったら聞き逃してくれるな」「この先生の前では、言っても大丈夫なんだな」という甘い考えをもってしまいます。言葉の乱れから、取り返しのつかない程、クラスが乱れてしまうこともあります。

　何事も最初が肝心です。アンテナは高く広く、「いけないことはいけない」と毅然と言える勇気をもって指導にあたりましょう。

授業中にふさわしくない言葉をつかった時は言い直しさせよう！

＋one point！　より効果的にするためには！

教師が言葉づかいに気を付けることで、子どもも「今は授業中なんだ」「今は楽しんでいい時なんだ」と気付きます。教師の言葉はそれほど強い力をもっています。

Chapter2 5 どの子も話せる！聞ける！
話し方ルール

> 授業で、子どもたちが話す場面はたくさんあります。しかし、場面に応じた声の大きさで話せない子や、だらだらとまとまりなく話してしまう子など、話し方に課題のある子がいます。その子たちが上手に話せる話し方をご紹介します。

★………目で分かる声の大きさ

場に応じた声の大きさで話せない理由は、主に２つです。
①場に応じた声の大きさが具体的に分からない
②自分がどれくらいの声の大きさなのか分からない

そこで、「声のものさし」を活用しましょう。場に応じた声の大きさを、テレビの音量のように数字で表します。これを掲示し、場面ごとに正しい大きさで話している子を取り上げ、ほめることで、声の大きさを理解できるようになります。

さらに、全体への説明で難しい子には、個別に声の大きさを練習したり、振り返ったりして、実感できるようにしましょう。

★………ズバリと話せる話し方

だらだらと話してしまう理由は、主に２つです。
①思いつくままに話してしまう
②相手が聞きやすい話し方を知らない

これらの理由を踏まえて、ポイントを２つ挙げます。
①ズバリと話す話し方の型をつくる

「私は〜と考えます。理由は〜だからです」のように、話し方の型をつくります。決まった型に合わせて話すことで、自然と簡潔にズバリと話せるようになります。そして、様子を見ながら、スモールステップで、少しずつ型をなくしていきましょう。
②話す前に書かせる
　話す内容を考えることと、それを文章にすることを同時に行うことは難しいことです。ですから、話す前にノートに書かせましょう。ノートに書くことで、内容が整理され順序立てて話せます。また、子どもがどのように考えているか、教師が事前に確認することもできます。

★……「話し上手」は「聞き上手」を育てる

　子どもたちの話し方が上手になると、自ずと聞くほうも楽になります。そのため、聞き上手も増えて一石二鳥です。

話し方ルールでみんな発表上手に！

➕ one point！　より効果的にするためには！

話し方を、子どもたちで評価し合う活動を取り入れていくと、さらに話し方上手になります。

Chapter2 6 友達の意見から気付きを発見させる
聞き方ルール

> 子どもたちに意見を発表させたものの、そこから意見がつながらない。いつも子どもたちが発表したことを、教師が黒板に書いているだけ。そんなことはありませんか。解決のカギは、周りの子どもたちへの聞き方指導にあります。

★………「聞いているように」見えるだけ？！

　子どもが授業中に発言をしている時、周りの子どもたちにはどんな指導をしているでしょうか。「ちゃんと聞きなさい」「うなずくんだよ」「おへそを発言者に向けて聞こう」……。そんな指導をされた子どもたちは、周りから見ると、一見、よく発言を聞いているように思うかもしれませんが、実際のところはどうでしょうか。「聞いているように」見えるだけなのかもしれません。
　では、どのような「聞き方指導」をするといいのでしょうか。

★………「なぜか？」「本当か？」「正しいか？」

　野口芳宏先生は次のように言います。
　「人の話は、次の３つに注意して聞きなさい。『なぜか？』『本当か？』『正しいか？』。この３つに、いつも注意して聞かなくてはいけないよ」
　さらに、野口先生は、授業中に子どもが発言した後に、次のようなことを言います。
　「今の意見に賛成の人は〇、反対の人は×をつけてごらん」
　「今の３人のうち、誰が正解でしょう。正解と思う人の名前をノートに書きましょう」（ノートの隅に書かせる場合もあります）
　どちらも、真剣に発言を聞くようになる指示です。

★……「鉛筆で話を聞きましょう」

子どもたちが発言をしている時に、次のように言うこともあります。
「鉛筆で話を聞きましょう」
友達の意見を聞いて、ノートにメモをさせるためです。メモをさせる内容は「発見」「質問」「反対意見」などです。メモをとるためには、集中して話を聞かなくてはいけません。メモが次の発表の活性化にもなります。
また、友達の意見をよく聞いていると、自分がとても勉強になることに、子どもたちが気付き始めます。「聞くと得」に気が付くのです。

発言を聞いて、ノートに書くと、「得」をする！

＋one point！ より効果的にするためには！

はじめは、発言を聞いてノートに書くことに、時間がかかるかもしれません。しかし、できた子をほめることで、全体へ少しずつ広まっていきます。

Chapter2 7 子どもの参加意識をどんどん高める
発言ルール

> 子どもが発言をしないのは、なぜでしょうか。子どもに発言をさせるためには、まずは教師自身が、自分が発言したくない時の気持ちや原因を考えることから始めていくといいでしょう。

★………発言しない理由

　発言をしない子、しにくい子は、何が問題となっているのでしょうか。その主な原因として考えられるものは、以下の３つです。①そもそも発言する場面がない。②発言をする機会がこれまであまりなかったため、発言したくてもできない。③発言したくない（面倒くさい、苦手）。
　子どもへの指導や働きかけは、これらを念頭において、それぞれに対処していくといいでしょう。

★………はじめは、誰でも、なんでも

　前記の①の場合、「〇か×か、自分の立場を隣の人に言いましょう」など、発問・指示によって子どもが発言する機会をつくることから始めます。なんでも構いませんから、とにかく口を開く機会をあたえるのです。
　②の場合は、①の場合で挙げた、「〇か×か」という立場を決める指示で、まずは発言を促し、そして、短い言葉で発表できる発問をいくつも行うようにします。発言の対象は、まずは隣の子などの個人→少人数グループ→学級全体など、子どもの状況に合わせて教師がステップをつくってあげるといいでしょう。
　ここまでは、子どもの問題というよりも、教師側の環境づくりの問題であ

るため、今からでもすぐに取り組めます。

★⋯⋯⋯「発言したくない子」へのアプローチ

　指導に一番悩むのが、「分かるけれど、発言したくない」という、無気力組です。そこで、まずはきっぱりと、「発言はしなくてはならない」とクラス全体に伝えるようにします。一部の子しか話さずに授業を進めるというのは、ある意味、教師の怠慢であり、子どもたちも怠慢な子に育ってしまいます。時には、突然指名して発言させることも大切です。

　また、人前での発言だけでなく、ノートに自分の意見を書くことも、「発言」と認めるべきです。これを、野口芳宏先生は、「ノート発言」と呼んでいますが、実際、学級の中には、ノートでなら驚くほど饒舌に語る子もいます。そうして、時には、「とても良い意見だから、発表して！」と指名することがあってもいいでしょう。「発言すること自体が、価値のあること」だと、子どもたちには、機会あるごとに伝えていくことが大切です。

「発言」という言葉の範囲を教師が広げよう！

➕ one point! より効果的にするためには！

　子どもたちがノートに書いたものを、１時限の間に一度は見たいものです。１時限に一度の指示を意識すると、つい見落としがちな、話すことが苦手組の「ノート発言」をチェックすることができます。

Chapter2 8 指導事項とリンクした まとめの書かせ方

> よく「まとめが大事です」「まとめには2〜5分くらいを充てましょう」と耳にすることがあります。しかし、「○○が楽しかったです」では、まとめとは言えません。ここでは、どんなまとめが良いのかを紹介します。

★………まとめをイメージして授業を組み立てる

　授業のまとめには、何を書かせても良いというわけではありません。

　教材研究で「この授業では、○○というまとめを書かせたい」とイメージしてから、授業を行いましょう。あらかじめ、まとめをイメージして授業をすることで、指導すべき事項が明らかになってきますし、万一授業が脱線しても、元に戻ることができます。また、こうすることで、教師自身の指導の評価にもなります。

　ねらった通りのまとめを書く子どもが多ければ、授業は成功であると、また逆に、少なければ改善が必要だと言えるでしょう。

★………子どもは、文字を基にまとめを書く

　「今日のまとめをノートに書いてみましょう」と投げかけた時、子どもは何を基に書き始めるでしょうか。多くの子が、教科書やノートを見返したり、黒板を見たりすることでしょう。口で言ったことは消えてしまいますが、文字に書いたことは残ります。

　優れたまとめを書かせるためには、文字に気を配る必要があります。まとめに使わせたいキーワードは、色を変えたり、丸や四角で囲ったりして目立たせるといいでしょう。子どもにまとめの書き方が定着するまでは、「この言

葉を入れてまとめを書きましょう」「今日のまとめは、〇つのキーワードを入れましょう」と指定することもおすすめです。

★………早く書けた子には、まとめを音読させよう

　まとめに限らずですが、すらすら書ける子もいれば、なかなか書けない子もいます。なかなか書けない子も、書き始めてしまえば、案外すらすら書けるものです。そこで私は、早く書き終えた子には、書いたまとめの音読をさせています。書けない子にとって、書き出しの参考になればいいですし、書き終えた子へアドバイスを送ることもできます。さらには、子ども同士の理解にもつながります。

まとめを共有することで、まとめがスムーズに書けるだけではなく、その子の理解が深まります。

➕ one point! より効果的にするためには！

授業終了後にノートを回収し、ざっと目を通して、２段階程度の評価をしてあげましょう。こうした評価が、子どもたちのやる気にしっかりとつながります。

column 2 理想を求め、焦りすぎた失敗

　「授業は人格形成の場」という信念のもと、私は学習規律には厳しく目を光らせてきました。そんな中で、30代半ばに担任した5年生の子どもたちは、学習規律がまったくと言ってよいほど守れませんでした。そして、もっとも私が問題だと感じたのは、名前を呼んでも「返事をしない」ことでした。何度名前を呼んでも、黙ったまま、私の顔を見返す子のなんと多かったことでしょう。それで、私は、「返事」を徹底的に鍛えることにしたのです。
　「Aさん」
　「……」
　「あれ？　Aさんは欠席かな。もう一度呼んでみよう。Aさん？」
　こんな調子で、大きな声で返事が返ってくるまで、やり直しをさせました。ほとんどの子が、徐々にしっかり返事ができるようになっていったのですが、何度指導しても、返事ができない男の子がいました。
　ある日の算数の授業でのことです。その子のノートに、クラス全員に紹介したいと思えることが書いてあったのを見た私は、その子を指名しました。
　「Bくん。良いことを書いたね。それ読んでみて」「……」
　「あれ？　Bくん？　さあ」「……」
　「Bくん。目の前にいるのは、B君だよね！」「はい……」
　「おかしいな。先生の耳が悪いのかな？　聞こえないなあ」
　そんなことを、5回ほど繰り返したでしょうか。
　「うるせー！　さっきから何度も返事してるだろうが！」
　顔を真っ赤にしたBくんは、大声でそう叫ぶと、教室を飛び出していってしまったのです。授業も、せっかく彼が書いた考えも、ふいになってしまいました。後で分かったことですが、彼は、いきなり指名されたことで、極度の緊張と不安におののき、大きな声を出すことができなかったのです。小さな声を出すことだけで、その時の彼には精一杯だったのです。
　学習規律を身につけさせることが、授業を成功に導くという理想は、決して間違ってはいないと思います。しかし、教師があまり焦りすぎてはいけません。子どもは少しずつ力をつけていくものなのです。その時その時の子どもの力量を見極めつつ、少しだけ高めの目標を設定してあげることが大切です。そんなことを学んだ出来事でした。

Chapter 3

学びの意欲を育てる!

授業の組み立て方・進め方

授業に意欲的に取り組めるようになると、
学校生活そのものが楽しく輝き始めます。
学びの意欲を育てるために、
授業の組み立てや発問などの工夫が重要になります。

Chapter 3 子どもの輝きと学校生活の充実は、学ぶ意欲に比例する！

> 生き生きと学校生活をおくるためには、
> 授業に意欲的に取り組むことが大前提です。
> 授業で充実感を得るから、他の時間も意欲的に活動することができるのです。子どもの輝きは、学ぶ意欲に比例します。

①学校生活の充実度は、授業の善し悪しで決まる

　授業は、学校生活の多くの時間を占めています。授業がつまらないというのでは、学校生活が楽しいと言うことができるはずありません。また、授業を楽しむことができない子は、学校生活の本当の楽しさを味わうことができず、充実した学校生活をおくっているとは言えません。

　教師は、子どもたちが充実した学校生活をおくることができるよう、子どもの実態をしっかり把握して、「分かる授業」「真剣に考える授業」を工夫する必要があります。授業の組み立てや発問づくり、指示や指導の言葉のかけ方、教材・教具の工夫をして、子どもが充実した学校生活をおくることができるように努めましょう。

②子どもが夢中になる授業づくりを

　子どもが意欲的に取り組む授業は、教師がつくらなくてはなりません。よく、「うちのクラスの子は、やる気がない」と愚痴を言う教師がいますが、子どもにやる気がないのではなく、教師が子どものやる気を引き出していない、もっと悪い場合は、やる気を失わせるような授業をしていることが原因です。なんの工夫もせず、教科書や参考書通りに授業を流すだけでは、当然、子どもを夢中にさせることはできません。教材や教具、発問や授業の組み立てを工

夫し、子どもが意欲的に参加する授業づくりを追究しましょう。そのためには、教師自身が意欲的に授業について学ぶ努力を日々重ねなくてはなりません。私たち教師が、「仕事が楽しいことが、充実した日々の基」だと感じるのと同じように、子どもにとっては、学校生活の多くを占める授業時間に意欲的に参加し、学ぶことを楽しむことで、学校生活そのものが充実したものになっていきます。

③授業の流れ（組み立て）の工夫を

　料理は、最初に焼いて後で煮るのか、または、その逆の手順で調理するのかで、味が異なります。授業も、料理と同じで、組み立てによって結果が異なってきます。教具の提示はいつ行うか、45分間のどのタイミングで発問するか……。同じ教具、同じ発問であっても、授業の流れのどの部分で提示するかによって、子どもの意欲を喚起し、学力形成に効果的に働く場合もあれば、無駄になってしまう場合もあります。いくら手がかかった素晴らしい教具であっても、的を射た発問であっても、提示するタイミングを誤れば、効果はなくなってしまいます。

　研究授業などでは、組み立て方を意識する教師は多いのですが、日頃の授業でこそ常に意識しておかなくてはなりません。

④「受けの授業」が子どもの意欲を高める

　教師の指示や発問に対して、子どもがなんらかの反応を返します。それを教師が受けて、クラス全員に新たな課題を提起する。子どものつぶやきを拾い上げて、クラス全員に提起して、みんなで話し合い、考える。若い教師の授業で、このような「受けの授業」を目にすることが少なくなりました。計画に従って、教師の思う方向にダイレクトに導いていく「攻めの授業」ばかりが全盛を誇っている気がします。

　授業の醍醐味は、教師と子どもの掛け合いや、子ども同士の意見の交流ではないかと私は思っています。同じ教室で一緒に学んでいるのですから、そのような授業から学習意欲が生まれ、学びの楽しさが生まれるはずです。

Chapter3 1 子どもを一気に引きつける
導入

> 一流企業の社長は「第一声」にとことんこだわるそうですが、授業の第一声は、どんな言葉を子どもたちへ投げかけているでしょうか。教師が発する第一声で、一気に子どもたちは授業へ集中することができているでしょうか。「第一声」が勝負です。

★………形式的な導入をやめよう

授業の導入では、どんなことを行っていますか。校内の研究授業など、一般的によく見られる導入を挙げてみましょう。

・あいさつをする
・前時の確認をする
・教師が一方的になんらかの説明をする

これらには、共通点があります。それは「子どもたちの思考がストップしている」ということです。どれも、子どもにとっては受動的であり、子どもたちの「思考スイッチ」は入っていません。

★………いきなり〇〇してみよう

では、どのような導入をすれば、子どものたちの「思考スイッチ」がオンになるのでしょうか。それは「いきなり〇〇すること」です。

・いきなり問題を出す
・いきなり写真を見せる
・いきなり教科書の問題をする

まだまだアイデアはたくさんありますが、ぜひ「いきなり〇〇する」で子どもたちを一気に引きつけてください。

★ 導入システムとして組み込む

「各授業のはじまりは○○」と決めておくのも有効です。こうしておけば、もし先生が打ち合わせなどで教室に入るのが遅れた時でも、子どもたちだけで学習を進めることができます。

例えば、次のような導入システムが考えられます。

- 国語科→漢字練習
- 社会科→重要語句を班で出し合う

以下がその他の導入システムです。ぜひ、参考にしてください。

第 一 声	導入メニュー	方 法
「『○○』を辞書で引きなさい」	辞書引き	教師が言った言葉を国語辞書で調べる。
「○分間読書」	読書タイム	好きな本を黙読する。
「できたら持ってきます」	復習問題など（算数科）	問題を黒板に板書。できた子から持っていく。
いきなり教科書の問題を読み始める。	いきなり本題	教師がいきなり教科書の問題を読む。
「気が付いたことをノートにできるだけたくさん書きなさい」	写真を見せた時（社会科や道徳など）	資料提示後、子どもたちに、分かったことなどをできるだけノートに書かせる。
「真似して読みましょう」	追い読み（国語科の音読）	教師が一文読み、子どもが同じところを繰り返して読む。
いきなり歌をうたう。	いきなりうたう（音楽科）	いきなり音楽を流す。

前もって準備ができていた子はしっかりほめてあげよう！

＋one point! より効果的にするためには！

その日の授業の第一声を、自分が話す通りに書き出してみましょう。第一声が安定すると、授業全体が安定してきます。

Chapter3 2 ゴールを示してからの学びのスタート！
めあての明示

> 足し算の文章問題で、みかんの合計数を求める問題を解きました。子どもに「なんの勉強をしましたか？」と尋ねると、「みかんの勉強」と答えました。笑い話のようですが、程度の差はあれ、意外によくある話なのです。めあての明示が大切です。

★………目的と道筋が分からないと不安・混乱を生む

　自閉症スペクトラムの子どもは、見通しが立てられないと不安で、混乱する傾向があります。また、明示されていない意図などを読み取ることも苦手な傾向があります。

　これらは、程度の差はあれ、誰にとっても同じことなのです。何をするか知らされないまま、よく分からない活動を始めるのは不安ですよね。いつ終わるか分からない話を、永遠に聞くのはつらいですよね。これらが気になると、学習へ注意を払うことが難しくなります。こういった不安を、教師は取り除く必要があります。

★………目的と道筋が分かるから自由な考え・活動が生まれる

　授業の始めに、本時の活動内容を提示します。例えば、国語科では、「①漢字　②慣用句　③教科書　④ワーク」のように提示します。これだけで、子どもたちは見通しを立てて授業に参加できます。また、なんのために活動するのか、つまり目的を示してあげると、納得して学習できます。こういった配慮が、子どもの学習を支えます。

　いつまでに、どれだけ、なんのためにするのかが提示されると、活動に見通しが立つため、余裕が生まれ、自由な考えや活動が生まれてくるのです。

★………提示の仕方も一工夫

「めあての明示」と言っても、方法はさまざまです。授業の最初に「めあて」を黒板に書く方法もありますが、儀式的になるとあまり意味がありません（もちろん有効な場合もあります）。

1時限全体の目的を示すこともあれば、活動ごとに目的を示すこともあります。また、口頭で伝えることもあれば、ミニボードに書いて提示する方法もあります。子どもが目的と見通しを立てて活動できるように、その場面に合った方法を選ぶことが大切です。

めあて・活動の明示で、子どもは安心して取り組める。

＋one point！ より効果的にするためには！

「めあて」を明示するなら、活動後に「めあて」を達成できたのか、振り返る活動があると、学習効果がさらに高まります。

Chapter3 3 「知りたがり・やりたがり」を刺激する！
説明・指示

> 教師が熱心に「説明・指示」をするものの、反比例するかのごとく子どもたちの表情がくもっていく……。そんな状況になってしまったことはありませんか。時には、「もったいぶって」説明・指示をする場面があってもいいかもしれません。

★………ずっと受身は苦手

　教師が「説明」を繰り返せば繰り返すだけ、子どもたちがなんともつまらない表情へと変わっていってしまうのは、よくある失敗の１つです。

　子どもたちは、知りたがりです。調べたがりです。さらに言えば、勉強したがりです。基本的に「ずっと受身」は大人以上に子どもたちは苦手なことなのです。それでも教室から「説明・指示」をなくすことなどはできません。では、どうすればいいのでしょうか。

★………説明をもったいぶる

　「説明」と聞くと、ただよどみなく丁寧に話をすることだと思われるかもしれませんが、ぜひ一度、その思いを捨てましょう。そして「もったいぶって」説明をしてください。特に大切な説明の箇所に入る前には、立ち止まってみてください。

　「この後、どう話が続くと思う？」と問いかけるのもいいです。「お隣さん同士でこの続きを予想し合ってみて」と子どもたちに予想させるのもいいでしょう。「この先からおもしろいんだよぉ！」と途中で期待をもたせてみるのもいいかもしれません。

★ ……… 指示には数字を！

　さらに子どもの反応が激変する方法の１つに、「数字を入れる」というものがあります。数字を入れることで、より具体的なイメージをもつことができるのです。いくつかご紹介します。

「100人分の声であいさつをしましょう」
「気が付いたことを5つ以上ノートに書きましょう」
「練習問題をします。時間は5分です」
　指示には数字を！　ぜひ、試してみてください。

説明をもったいぶると、たちまち子どものスイッチが入る！

➕ one point！ より効果的にするためには！

指示には、他にも有効な方法があります。「〇〇くんのように背筋を伸ばしなさい」というように、人やモノなどを盛り込むとより効果的です。

Chapter3 4 どの子も夢中で手を挙げる 発問

> なぜ子どもは手を挙げないのでしょうか。やる気がないのでしょうか。授業の内容が分からないのでしょうか。そんな場面になってしまったら、まずは発問への考え方を変えてみましょう。それだけで、驚くほど挙手が増えていきます。

★………知覚語で問う

「バスの運転手は何を見ているか？」

これは有田和正先生の有名な発問です。単純に、「バスの運転手の仕事は何かな？」と問うのとは、明らかに子どもの食いつきが違ってきます。

このように、「知覚語で問う」と、子どもが自分でイメージできるようになります。「工場ではどんな音が聞こえたか」「スーパーマーケットではどんな匂いがするか」……。もちろん、完全に教師の意図と一致するものではありませんが、知覚語で問うた後に、補助発問として「他にどんな仕事があった？」と聞くと、勢いそのままに思わず挙手をする子が多くなるのです。

★………それホント？

算数は、正解をすぐに全員が出せる問題がたくさんあります。ただし、「あの子やこの子は本当に分かっているのだろうか？」という場面がよくあります。そんな時に効果的なのが、「それホント？」という問いかけの言葉です。「解き方を説明しなさい」と言うよりも、明らかに子どもたちは食いつきます。こうした「軽い挑発」を子どもたちは好むのです。そうして、そこから子どもの心に火がつき、「先生を打ち負かしてやろう！」と意気込んだら、こちらのものです。さらに、「先生は分からない」「まだ納得できない」などと追い

込んでいくと、どんどん手が挙がります。

★………隣の席の子と話したことを教えてもらう

　発問というよりも、指示にあたりますが、自分一人では自信がない子でも、一度隣の席の子と相談や確認をすると、驚くほど手が挙がるものです。特に、学級がスタートして間もない頃はこれが効果的です。さらに、賛成か反対かなどの立場を決めさせる発問では、「お隣の子の立場はどっちだった？」などと聞くと、「間違えても、自分のことではないし！」などと安心感を抱くのか、自分の意見を言うよりも、はるかに活気づきます。ステップアップすることができるようになったら、「お隣と話したことを教えてもらうね」と言って、発表を促していきましょう。発表は、決してまとまっていなくてもいいのです。何を話したかを発表できればいいのであって、これなら手が挙がります。

隣と相談させることで、手の挙がり方にぐっと差がつく！

＋one point！　より効果的にするためには！

すべての発問をする時、教師の明確な意図が必要です。「こんな意見を出してほしい」「この発問ならこのキーワードが出てくる」というように、具体的な視点をもって発問をつくりましょう。

Chapter3 5 子どもの集中・熱気が持続する ユニット展開

> 授業の導入はうまくいくのに、時間がたつにつれて教室の空気が沈んでいく。そのような経験はありませんか。教師であれば、いつでも、最後まで、熱気のある授業をしたいものです。子どもが常に集中し、熱気が持続する方法をご紹介します。

★………授業をいくつかのユニットで展開させる

　そもそも人間の脳は、45分も集中するようにはできていません。ですから、授業の開始で熱中すると、途中で集中がきれるのは当然なのです。

　授業＝45分という発想はやめましょう。子どもの集中が続く、5～15分ほどの活動をユニット（まとまり）として、1時限の授業を展開させるのです。例えば、社会科では、①小テスト（5分）、②地図読解（5分）、③教科書（15分）、④ワーク（10分）、⑤まとめ（10分）という具合です。

　短いまとまりで展開していくことで、子どもは常に集中した状態を持続することができます。また、もし途中で分からなくなっても、次の活動からふたたびリセットして参加することができます。

★………「静」「動」の活動の使い分け

　静かに一人で集中する「静」の活動と、動きのある活発な「動」の活動を、1時限の中でうまく取り入れることも大切です。

　例えば、まずはフラッシュカードなどで声を出す「動」の活動で授業を始め、次の活動では、一人で資料に向き合う読解問題などの「静」の活動で集中を高める展開などが考えられます。子どもの集中が、さらに持続します。

★………得意な活動を入れる

　子どもには、それぞれ得意な活動と苦手な活動があります。1時限ずっと苦手な活動だと、学習意欲が下がってしまいます。そこで、1時限に一度は全員がほめられ、活躍する場があるように配慮することも大切です。いくつかの活動の中で、学習が苦手な子の得意な活動を入れてあげればいいのです。ユニット展開は、こういった点でも、便利な方法です。

ユニット展開で集中・熱気が持続する！

＋one point！　より効果的にするためには！

授業を1時限だけで考えるのではなく、数時間のまとまりで考えることも重要です。例えば、1時限のうちの5分の活動でも、10時限で50分になります。この発想で、授業の展開の幅が広がります。

Chapter3 6 学ぶことのおもしろさを味わわせる
ゆさぶり

> 毎日の授業を淡々と進めてはいないでしょうか。教師が発問して子どもが答える。それだけでは、子どもたちは授業に楽しさを見出すことはできません。「ゆさぶり」こそ子どもを熱中させます。

★………「なぜ？」を問え

　子どもたちにとって一番答えやすいのは、答えが明確になっているものです。例を挙げると、「1＋1は？」→「2です」と答えるようなもの。逆に、子どもたちが答えにくいものが、「なぜ？」と問われるものです。例えば、国語科の物語文で、「残雪も登場人物です」と子どもが答えたら、「なぜ？」と問うのです。この「なぜ？」が、子どもたちの思考をより深いものにします。
　答えられないものが出てきてはじめて、子どもたちは教科書を見て、本気で答えようとするのです。

★………**教師はじれったくゆさぶれ**

　例えば、時間が余ると算数オリンピックのような難問を解かせます。すると子どもは「難しい」と頭を悩ませます。途中で「答えを言おうか？」と言うと、「教えて〜」と言う子と「まだダメ〜」と言う子がいます。もちろん教えません。チャイムが鳴っても、「答えは……教えません。家で考えてきなさい。家の人と協力してもいいよ」と簡単に答えを教えないのです。これが大切です。
　教師は、常に子どもをゆさぶらなければいけません。「今日は、すごいものを持ってきました。でも……見せません」というように、なんでもじれったくゆさぶってみましょう。子どもたちの食いつきが変わってきます。

★……… 時には楽しくゆさぶることも

　私のクラスでは、算数科の時間に答えを言った子に対して、みんなが「え～、おかしくない？」と応える場面があります。じつは、これ、正解しています。そして、そのことを、みんなも分かっています。ですが、あえて、みんなでゆさぶるのです。すると、答えた子が「うそやん？　あれ？　間違ってる？　え？」とあたふたし始めます。そのタイミングで、教師が、「答えは……12です」と言うと、「なんや～！　合ってるやん！　びびった～」と笑顔をこぼします。

　このように、クラス全体を楽しくゆさぶるのもおもしろく、授業が活気づきます。

単に答えを言うだけじゃダメ！　常にゆさぶりをかけよう。

＋one point！　より効果的にするためには！

「なぜ？」と聞いても、答えられない子どもはいます。無理に答えさせるのではなく、近くの人と話し合わせるといいでしょう。

Chapter3 7 技能や主体性が身につく
調べ学習

> 調べ学習は、とても有効な授業の方法です。しかし、授業時間のすべてを調べ学習で行うことは不可能です。使いどころを考えて、授業で効果的に調べ学習を取り入れていきましょう。

★………調べ学習で大事にすること

　各教科の観点に「技能」というものがあります。特に社会科では、資料から情報を収集・選択して、正しく読み取ることを指します。講義形式で教師が一方的に話し続けていては、子どもたちに技能の力をつけることはできません。それに、話を聞いてばかりでは、子どもは集中が続きません。

　ですから、授業に調べ学習を取り入れる必要があります。その一方で、調べさせてばかりでもいけません。バランスが重要なのです。

★………調べ方について

　授業中の調べ学習の際、私は5分より長く時間を取りません。これより長時間を子ども任せにすると、集中がきれる子どもがいたり、調べられる内容に大きな差が生じたりしてしまうためです。例えば、合計15分間を調べる時間に充てるとすると、5分×3回というように分割します。そして、5分ごとに、調べられた内容の共有の時間を取るといいでしょう。また同じ理由で、こちらが調べさせたいと思っていることは、一度にすべてを提示するよりも、小分けにして提示したほうが、子どもはスムーズに調べることができます。

★ 調べ学習は、子ども任せにしすぎない

　調べ学習を取り入れると、技能が身についたり、子どもが授業に主体的に取り組んだりします。しかし、習得しなければならない知識は、全員が習得できたのでしょうか。調べ学習の後、習得させなければならない知識や事柄は、教師とともにクラス全員で共有しなければなりません。すべてを子ども任せにしていては、教育を放棄しているのと同じです。子どもに任せる場面と教師が指導する場面、バランスが重要です。

時間を知らせる際には、キッチンタイマーの音が有効です。「少し足りない」くらいがちょうどよい！

✚ one point! より効果的にするためには！

習得しなければならない事柄は、授業で触れなければなりませんが、そうでないものは「宿題にして調べさせる」という手もあります。

Chapter3
8 大事なのは何を得るか！
これが本当の話し合い活動

> 授業に話し合いを取り入れることで、多くの子どもが発言し、授業に退屈しなくなり、力がつきます。しかしその一方で、講義形式と比較して教師の力量が問われるのは、話し合い活動のほうです。ここでは、話し合いのポイントをお伝えします。

★………「話し合い」というツールで高め合える子どもの育成を

　教師が「○○しなさい」「△△は□□です」と一方的に教え込むのは簡単です。しかし、そのような一方的な指導では、子どもの頭にあまり残るものがありません。子どもの頭には、自分で考え、違った立場の意見を聞くことで、印象深く残るのです。ですから、たとえ少し回り道であったとしても、教え込むことを少し抑え、子ども同士の話し合いで高め合えるといいでしょう。

　一方で、教え込まなければならないことがあることも事実です。「日本には47都道府県があるのだろうか」などという題では、話し合えません。

★………話し合いと人間関係は両輪の関係

　4月、職員室では、「この子たちは話し合いがうまくできない。もう当分しないでおこう」という言葉が聞こえることがあります。話し合いは、4月当初はなかなかうまくいかないものです。時間がたち、人間関係ができてくるにつれて、活発で深みのある話し合いができるようになっていきます。

　話し合いと人間関係は、両輪の関係です。話し合いが活発になるから人間関係ができ、人間関係ができているから話し合いも活発になるのです。教師が諦めてしまっては、話し合いは決してうまくなりません。人間関係ができるような工夫をこらし、根気強く指導を続けるしかないのです。

★ 話し合いはあくまでツールであって、目的ではない

教師が、「今日の話し合いは全員が発言できて、活発だったなあ」と満足してはいけません。話し合いはあくまでツールです。話し合いをすること、発言させることが目的ではありません。

目的は何を得させるか、気付かせるかです。そのためには、教師がおおよそのゴールを考えておかなければなりません。もし、ゴールに子どもたちだけで辿り着けなければ、教師からヒント、それでもだめなら答えを示してあげることも必要です。

話し合い中、教師は話し合いが深まるように
キーワードを板書しよう。

＋ one point！　より効果的にするためには！

話し合いにある程度のゴールがあるのですから、授業後のまとめが重要です。p.48～49「指導事項とリンクしたまとめの書かせ方」も参考にしてください。

column

3 授業構成 組み替えのすすめ

　私が教師になった頃は、ちょうど職場でワードプロセッサー（以下、ワープロ）を使う教師が出始めました。私も、ワープロで仕事をするようになったのですが、文章の組み替えが容易にできることに驚きました。

　Ａ段落とＢ段落をコピー＆ペーストで入れ替えることで、文章が読みやすくなったり、意図を明確に表したりすることができたのです。ワープロの登場は、書くことが苦手な私にとっては、まさに作文革命とも言える夢のようなものでした。

　指導案の作成も、当然、ワープロに頼っていましたから、一度作った指導案の活動内容Ａと活動内容Ｃを入れ替えてみたり、発問の場所を、さまざまな場所に設定してみたりと、授業の構成を考えるに当たり、かなりお世話になってきました。

　授業は、「生き物」と言われるように、すべて計画通りに進むことはまずありません。しかし、大まかな構成は、しっかり計画しておかなくては、授業のねらいを達成することさえできなくなってしまいます。

　どのように展開させれば、授業のねらいを達成する効果があるのか、子どもの意欲を引き出すことができるのかを、しっかり練っておかなくてはなりません。授業は、映画や舞台などと同じで、場面構成によって、観客（子ども）の感動や受け止め方が、ガラリと異なってしまうものです。できる限り、子どもの意欲を引き出し、学力形成に役立つ舞台にするためには、どのような構成にするのかを、試行錯誤することが大切なのだと思って、これまで授業を行ってきました。

　そのような経験から、私は、若い教師たちの授業を参観する時は、授業構成に着目することにしています。ねらいに迫るためには、組み立て方はこれでベターだったのか。発問のタイミングは、その場面で的確であったのか。もっと、子どもの意欲を高める構成は考えられなかったのか……。どんなに良い発問であっても、どんなに良い教材・教具であっても、使う場所を間違えれば、無駄になってしまいます。良い授業づくりの肝は、授業の構成をしっかり考えることです。教師は、授業という作品を演じる役者であり、授業のねらいに導く監督であり、構成を考える脚本家です。指導技術ばかりに目を向けるのではなく、授業の大本である指導案（脚本）の構成について、もっと学ぶ必要があると思います。

Chapter 4

全員参加の豊かな学びでクラスもまとまる！
授業デザイン・展開術

友達同士で認め合ったり、時には意見を戦わせたりと、
子どもたちにとって、授業は大切な交流の場です。
全員が参加できる授業づくりによって、
クラスの結束が強くなります。

Chapter 4 授業の中に、集団づくりの基礎が詰まっている!

単に知識や技能を身につけさせるためなら、
個別に学ばせたほうが効率がよく、効果も上がります。
同じ教室で、友達と同じ課題を基に考えを深めていく
学校の授業は、重要な集団づくりの場でもあります。

①授業は、重要な「仲間づくり」の場

　授業で、意見のやりとりが活発に行われるクラスは、子ども同士の人間関係がうまくいっているクラスと言うことができます。友達関係が円滑だからこそ、なんの不安も感じることなく、安心して自分の意見を主張することが可能になるからです。「発言したら、友達になんと思われるだろう?」と互いを牽制し合っていては、意見を発表することなどできません。たとえ子どもでも、人前で意見を言うのは躊躇するものですが、学び本来の楽しさを味わわせながら、クラスの中で自由に思ったことを言えるように導いていくのが、授業者としての教師の役割です。

　授業で、自分の思ったことが言える雰囲気をつくることが、クラスの仲間づくりにつながっていくことを、肝に銘じておきましょう。

②教師の統率力は、授業で確立される

　「教科書を開きなさい」と言えば、子どもたちが教科書を開き、教師に指名されれば、子どもは発言しなくてはなりません。授業中は、教師の指示に従って、学習が進められていきます。もし、教師の指示に従わない子がいれば、授業は成立しなくなってしまいます。子どもにとってつまらない授業を続けていると、授業どころか、学校生活のあらゆる場面で、教師の指導が入らな

い状況になってしまいます。反対に、楽しい授業、夢中にする授業に努めている教師に対しては、子どもは素直に指示に従おうとします。教師への信頼を高めていきます。そのことが、クラスをまとめるための統率力につながっていきます。

　授業は、教師の集団統率力を確立するための基礎となる場です。

③発言の機会は意図的につくろう

　意見が飛び交うクラスは、「自分」を出すことのできる、自由闊達なクラスです。授業の場で発言するということは、自分の考えを披露することになり、発言の機会が多いほど、存在感が高まり、人柄も理解してもらえることになります。ですから、子どもには、できる限り多く、授業で発言する機会をつくってあげることが大切です。

　そう考えると、一般的に行われている、子どもの挙手による発言のやり方は、一部の子どもだけが何度も発言する機会を得るだけで、大半の子は、発言しないまま1時限を終えることになります。そのためにも、挙手による発言ではなく、教師の指名によって子どもが発言する機会を均等に増やすことが必要です。最初は、嫌々発言していた子も、慣れてくれば、自ら発言する姿勢に変わっていきます。

④気持ちを共有させる

　授業によって、「みんなで同じ課題を追究する」「協力する」ことの他、「間違えることは恥ずかしい」「発言は不安」と感じるといった経験を誰もがします。クラスの子のほとんどが、同じような気持ちでいるのですが、じつは、子どもはそのことに気付いていません。席を同じくしながら、隣の子が自分と同じように喜び悩む存在だとは、案外気付かないものなのです。そこで、教師が、「みんなで1つのことを考えるっていいね」「発言する時は不安だという人は手を挙げて」などと声をかけて、ほとんどの子が同じ気持ちでいることを意識させるようにします。授業の中で、気持ちの共有をさせることで、集団意識を高めることができます。

Chapter4 1 思いやりと連帯感を芽生えさせる
ペア学習

> 全体、個、ペア、グループと、学習形態は大きく4つに分けることができます。そして、それぞれに、メリットとデメリットがあります。ここでは、ペア学習のメリットとデメリット、ペア学習を活性化させる方法について紹介します。

★………ペア学習のメリットとデメリット

メリットとして、①「話したくてたまらない状態の解消」、②「全体での発表の準備」、③「子ども同士の理解の深化」が挙げられます。特に①は、大人でも同じだと考えます。研修で講師からの質問を受けた時や、職員会議などで問題提起された時は、相談したくなることもあるのではないでしょうか。

デメリットとしては、❶「全ペアに教師が介入できない」、❷「話した内容を学級全体で共有できない」という2点が考えられるでしょう。❷については、ペア学習の後で共有する時間をとれば解消できます。

★………ペア学習を活性化させるために

子どもが「考えてみたい」と思える問いを、教師が用意することが一番です。「この写真から、○○の工夫は何個見つかりましたか？」「『以外』と『意外』、この場合正しいのはどちらでしょう？」と具体的に数を示したり、二者択一としたりすることで違いが明確になり、話し合いは活性化します。

また、ペア学習の時の子どもたちの机は、互いが向き合うのはおすすめしません。隣同士の机のまま、互いが前を向いているほうが、ペア学習は活性化します。大人でも、面と向かって話すより、カウンターで横に並んだほうが話しやすいのと同じですね。

★………ペア学習が成立しない時の解決法

「隣の人と話してみましょう」と指示を出しても、話し合いができないペアが必ず数組は出てきます。その主な原因として考えられるのは、以下の3つです。

①「何を話し合っていいのか分からない」、②「話し合う方法が分からない」、③「関係ができていない」。①は発問や指示の見直しが必要です。②は話し合い方を伝えるトレーニングをさせなければなりません。③は学級経営を見直し、子ども同士がつながれるようにしなければなりません。

意見が2つに分かれ、子どもが考えたいと思う
優れた問いを用意することが一番！

➕one point！　より効果的にするためには！

ペア学習で一番大事なことは、教師による優れた発問です。優れた発問ができると、子どもは自ずとペア学習をしたくなります。

Chapter4 2 仲間との成功体験をつかみ取らせる
課題づくり

> 「仲間っていいな！」と、クラスの子どもたち一人ひとりに、そう実感させたいものです。そのためにも、授業において、子ども同士の共同作業と、それによる成功体験が欠かせません。

★………行事で引っ張る

　運動会、音楽会、修学旅行……。大きな行事に向かう時、子どもたちは団結しやすくなるものです。しかし、そうした行事への準備作業を、ただ単に普通に進めていくだけでは団結力は深まりません。

　私は、ここで、行事ごとに２種類の目標を設定していくことをおすすめします。１つは、「クラスで一致団結！」というように、自分たちへ矢印が向いたもの。もう１つは、「保護者を驚かせる」というように、ターゲットを決めて他者への矢印を向けたもの。もちろんポイントは、他者に向けた目標であり、ここで子どもたちの大胆なアイデアを採用できれば、なお良いでしょう。

★………「行事が終われば元通り」を回避するコツ

　行事に向かっているうちは、子どもたちも団結しているのだけれど、終わったら元通り……。そうした経験はどんな教師にでもあるはずです。それを回避するためにも、日頃から、教師がイベントを設けていくようにするといいでしょう。「掃除交流」「長縄対決」「校長先生へ○○インタビュー」など。イベントを設けるアイデアの基本は、「非日常の演出」です。隣のクラス、他学年、校長先生、教頭先生、地域の方々……。これらの人たちとつながることを組み込みながら考えていくのです。前記のように、目標の矢印を他者へ向けた

時、子どもたちは団結しやすいのです。

★………日常の中の非日常

「イベントなんてできない！」という先生もいることでしょう。その場合のポイントは、前記の「非日常の演出」をクラス内で行うことであり、また、「グループミッション」で取り組むのもいいでしょう。例えば、係で言うと、「読書係は、この１週間でみんなが本を１冊読む工夫を考えよ！」「体育係は、スポーツテストでクラスの記録が上がるように工夫を考えよ！」などです。

ただし、ここで注意したいのは、ミッションづくりの際、「全員〇〇できたら……」というものは、時にできない子を追い詰める結果になることもあるということです。あくまで、クラスの子どもたち全員が達成の喜びを知るためであり、「できなくても仕方ない！」くらいの雰囲気にしておきましょう。

**自分たちのためだけでなく、
「誰かのため」が子どもたちを一回り大きくする！**

➕ one point！　より効果的にするためには！

クラスを越えて関わる時、あらかじめ担任が許可を得ておくようにします。そうすると失礼もなく、また、関わりをもつことの成功体験を得ることができますし、自分たちから取材交渉を行うための橋渡しにもなります。

Chapter4-3 協力と助け合いを体験させる
一人の子どもだけではできない学習

> 「なかなか学習が定着しない」「家庭学習がほとんどできていないようなので1時限の授業では難しい。どうしたらいいのか?」などと悩むこともあるでしょう。しかし、こうした問題も、子どもたちが集まれば、とてつもなく大きな力を発揮し、解消してくれます。

★………まずはメリハリをつける習慣を

　学習には、大きく2つの雰囲気が必要です。1つは、シーンとした集中している雰囲気。もう1つは、集団で意見や考えを出し合いながら活発に話し合う雰囲気。どちらも授業を実りあるかたちに展開させていく上で、大切な要素です。この2つの雰囲気を1時限の中で使い分けていくと、たいへんな学習効果を得ることができます。しかし、メリハリがなく、話し合う時間から集中する時間になっても切り替えが遅い学級は、そうした効果もなかなか得られません。これは、繰り返し学級を鍛えていかなければ身についていかないのです。

★………簡単なステップとしての「問題の出し合い」

　『クイズタイム』などと称して、授業内の3分でも、問題を出し合うシステムをつくるといいでしょう。はじめに、問題の出し方を教えてあげます。例えば、社会科ならば「この写真は誰でしょう?」などです。問題の出し方さえ分かれば、子どもたちは自由に問題を出し合います。社会科が苦手な子も楽しく覚えることができるので有効です。

　また、「いろいろな人と問題を出し合いましょう」と言うと、クラスがどんどん明るくなっていきます。ちなみに、私のクラスでは、給食を待っている

時間も問題の出し合いを男女で行っています。すると、6年生の社会科では、5月には1年間で習うほとんどの用語を覚えている状態になります。

★………常に話し合う環境を

どの教科においても、必ず話し合う時間を設けるといいでしょう。課題に対して自分の考えを書かせ、話し合わせるだけで、有効な学習効果を得ることができます。また、クラスとしてもっとも大切な「助け合う気持ち」や「協力をすることの大切さ」を学ぶことができます。

私は、ほとんど毎回教室を自由に歩かせ、課題に対する考えの交流を行うようにさせています。その後の話し合いは、賛成意見や反対意見、質問や補足など、一人での学習ではできない活発なものになります。

教師の話ばかりではなく、友達と学習すると学習意欲がわきます。

➕ one point! より効果的にするためには！

問題を出し合う時、自分の考えを話し合う時に、「ここの人たちはこんな話をしているよ」と教師が紹介してあげましょう。さらに話し合いが活発になります。

Chapter4 一人ひとりの違いに明るいスポットを当てる
4 意見が分かれる選択肢の設定

> 授業で発問をすると、いつも決まった子どもが正しい答えを言う。他の子どもは、それを聞いているだけ……。クラス全員を巻き込みたいけれど、なかなかうまくいかないことは、よくあります。意見を引き出すコツをご紹介します。

★………オープンクエスチョンを取り入れる

発問には、2種類あります。「クローズドクエスチョン」と「オープンクエスチョン」です。

　・クローズドクエスチョン：答えの決まった、閉じられた発問
　　（例）「～は何ですか？」「～は誰ですか？」
　・オープンクエスチョン：多様な答えのある、開かれた発問
　　（例）「どうやって考えますか？」「どちらに賛成ですか？」

クローズドクエスチョンだけだと、答えられる子が限られます。また、正解があるので、「自分も言いたい」という状況になりにくいです。そこで、オープンクエスチョンを取り入れて、多様な答えを引き出しましょう。

★………オープンクエスチョンの種類を知る（社会科編）

オープンクエスチョンには、さまざまな種類があります。ここでは、そのうちのいくつかを紹介します。組み合わせて、授業を活性化しましょう。

　①方法を問う発問：答え・行動までの道筋を問う
　　（例）「どうやって考えますか？」「どうやって調べますか？」
　②意味付けを問う発問：自分はどうまとめるのかを問う
　　（例）「どうして（人物）は、～をしたのですか？」

③価値を問う発問：自分はどう考えるかを問う
　（例）「どうして賛成（反対）なのですか？」
④行動を問う発問：自分はどうするかを問う
　（例）「解決するために、あなたならどうしますか？」

★………オープンクエスチョンを手軽にする選択肢の設定

　オープンクエスチョンの注意点は、いきなり発問をすると、子どもにとって答えることが難しいことです。そこで、オープンクエスチョンに子どもが手軽に答えられるように、選択肢を設定しましょう。例えば、○・×や、賛成・反対、三択など、子どもが考えやすい工夫をします。

選択肢の設定で、議論が白熱！

＋one point！　より効果的にするためには！

オープンクエスチョンと選択肢の設定で、討論の授業ができるようになります。ポイントはスモールステップです。ぜひ、挑戦してみてください。

Chapter4
5

聞き合い、認め合う姿勢を育む
つぶやき宝探し

> 授業中、教師の意識は何に向いているでしょうか。授業が予定通りに流れていることでしょうか。教えるべきことをきちんと教えられているかどうかでしょうか。それによって、もしかすると、重要な「宝物」を見落としているかもしれません。

★……授業中に子どものつぶやきを聞けているか？

　教師は子どもを相手に教えているのであり、相手意識をもつことはとても重要なことですが、子どもたちの行動や反応を見ながら授業を進めていくことは、案外難しいものです。

　進めることや説明することに手いっぱいになり、子どもを見るだけの余裕がなくなってしまうことはあるでしょう。しかし、それでは子どもたちの反応を丁寧に受け止めながら授業を進めることなど、とうていできるものではありません。

★……子どもたちのつぶやきに潜む価値

　教師が発問をした後、子どもが発表した後、資料を提示した後、子どもが思わず声を出し、つぶやいてしまう。そうした子どもの「つぶやき」について、どう考えているでしょうか。

　「意見を言うならば堂々と言いなさい！」と指導する教師もいるかもしれませんが、しかし、つぶやきは本人も自覚をしていない言葉です。だからこそ、「今のもう１回言って」などと教師が促した時、「あっ！」という表情をする子どもが多いのです。そんな言葉だからこそ、「重要な発言になっていることが多い」というのが私の実感です。

★ つぶやきにどう切り返すか？

つぶやきが重要であることが理解できても、前記の通り、つぶやきを丁寧に聞き取り、授業に組み込むことは、そう簡単にできることではありません。ここでは、つぶやきが出た時の教師の対応を述べてみることにします。

・今の意見、すごくいいからみんなにも教えてあげて！
・代わりに先生がみんなにも伝えていいかな？
・今の○○さんの意見に対して、賛成ですか？ 反対ですか？

どの対応でも大切なことは、「すごくいい意見だね！」と受け止めてあげることです。そうして、発言のしやすいクラスへと高めていくのです。

子どものつぶやきを逃さずキャッチする！

＋one point! より効果的にするためには！

私語とつぶやきは別物です。私語とは「自分勝手な発言」です。つぶやきを大切にするあまり、私語を許してしまうような授業にならないよう気を付けましょう。

Chapter4 6 競争心に火をつけ、団結力を爆発させる
グループ競争

> 子どもは、競争する中で、教師が驚くほどのパワーを見せてくれます。このパワーを有効に使うことができると、クラスの団結力を強めることにもつながります。そのためには、教師の評価が必要です。

★……競争心は良くない？！

　昨今、競争させるのは良くないという風潮があるようです。確かに、過度な競争はただ相手を負かそうとするだけの偏った姿勢を強くしてしまうかもしれません。しかし、この競争をきちんと教師側でコントロールして使うことは、クラスをまとめることに大きく役立ちます。じつは、子どもたちは競争が大好きなのです。教師が少し評価を加えてあげるだけで、驚くほど乗ってきます。価値ある競争を取り入れてみましょう。

★……グループ競争というのはグループ評価をすること

　グループで競争して取り組むことは、どの教科、どの場面でも使うことができます。例えば、国語科の音読を、男子と女子に分けます。あるいは、1～6月生まれと7～12月生まれに分けます。また、班で分けます。これもグループ競争です。

　しかし、単に競争させるだけでは、まったく意味がありません。教師の評価が入るからこそ、子どもたちは燃えてくるのです。例えば、「男子はハキハキ読んでいますね。70点」「女子のほうがきれいに読んでいます。75点」などと言うと、男子は団結して、きれいに読もうとしてきます。すかさず「ハキハキに加えてきれいになりました。80点」と言うと、今度は女子が黙っ

ていません。ハキハキ読んでくるのです。

　このように、グループをつかってお互いに切磋琢磨させて、クラスの力を高めていきます。すると、クラス全体に活気が満ちあふれ、団結力が増していきます。

★……… 一人ひとりも評価する

　だんだん力がついてきたら、今度は一人ひとりを評価してあげます。一人で読むことや歌うこと、発表することは、多くの子どもにとって、恥ずかしくてなかなかできることではありません。しかし、これを繰り返していくと、不思議なもので、みんなもやっているからと、できるようになっていくのです。

　例えば、6年生であれば、音楽のテストではどの子も大きな声で一人で歌えるようになります。グループ競争や個人競争は、そのような子どもたちを育てることができるのです。

先生の評価が子どもを団結させる！　具体的に評価しよう。

＋one point！　より効果的にするためには！

「口を大きく開けているから男子のほうがいいね」というように、教師の評価は、短く具体的に伝えるほうが有効です。

Chapter4 7 「教えたがり・やりたがり」を目覚めさせる
協働・ワークショップ型授業

> １時限の授業の中で、子どもの机の配置がずっと同じ、ということはありませんか。子どもがずっと受身で学習を受けている、ということはありませんか。その場合、始めから終わりまで子ども同士の交流がない授業になってしまっているのかもしれません。

★………教室が活気であふれる協働学習

　授業の中で「協働・ワークショップ型授業」を入れると、グッと子どもたちが意欲をもって学習に取り組みます。

　方法は、机を班の形や風車の形（p.87 イラスト参照）にするなどして学習に取り組むというものです。時には思い切って、子どもたちに自由に机を移動させてもいいかもしれません。教室は活気があふれた状態となります。

　しかし、「活動あって指導なし」にならないように注意が必要です。

★………事前に何を指導するかで決まる

　机の配置を変えて「これでよし！」では絶対にいけません。事前に指導すべきことが２つあります。

- ・「友達と協力して学習することの良さ」を説明する（そうでないと、子どもたちは関係のないおしゃべりなどに没頭してしまう）
- ・問題の解き方ややり方も教師から事前に説明する（解き方が分からなければ、何人で相談しても効果は高まりません）

「協働学習に入る前」の指導を怠らず、ぜひ大切にしてください。

★……協働学習熱中への道

「班の人みんなができるように協力しよう」
「分からない時は堂々と先生や友達に教えてもらおう」
「聞かれた時には、ぜひ教えてあげよう。教えることって、ものすごく記憶に残るそうです。でも、答えを教えないようにね。その人がテストの時に一人でできるようにしてあげないといけないよ」

こんな話を協働学習の前に子どもたちに語ります。「協働学習の良さ」を、教師からきちんと示してあげなくてはいけません。そうすることで、子どもたちも協働学習に熱中していくのです。

班の形や風車の形に子どもたちが自由に机を移動させて学習！

＋one point！　より効果的にするためには！

協働学習に入る前の事前指導で、子どもたちの学習効果は大きく左右されます。「活動に入る前に何を指導すべきか」を明確にしておきましょう。

Chapter4 8 集団で学び合うことの楽しさがあふれ出す
ユーモア注入

> 授業は予定通りに進んでいくのに、なぜか物足りない。今ひとつ、子どもたちに活気がない……。そこに必要なのは、ユーモアです。少し授業が横道にそれたと感じても、ユーモアがあれば、子どもたちの学習意欲が高まり、学習効率はアップします。

★………言葉少なく？

「できるだけ授業では、子どもたちを笑わせることを考えています」

これは、ある先生から言われた言葉です。それまでは、情報は少ないほうが良いのではと、言葉少なく授業に臨んだ時期もありましたが、何か物足りない。また、子どもたちも真剣に授業に取り組んでいるのに、盛り上がりに欠ける。そんな時に出会った言葉です。目の前がパッと開けました。その言葉を意識して授業をしてみると、なんと授業中に笑顔が多くなったのです。ユーモアには、その子の心を包み、安心感をあたえる力があります。「自分を見てくれている」と感じさせる効果もあります。教師の自己満足ではない、考えられたユーモアは、目の前の子どもを安心させる最高の武器になります。

★………間違いを笑わない？！

「友達の間違いは笑ったらダメだ」

そんな言葉を聞いたことはないでしょうか。これは、必ずしも正論ではありません。例えば、盛大に失敗をした時、真剣な表情で「間違いは誰にでもあるよ」などとクラスのみんなに言われたとしたら、時には余計につらい子もいるのです。あくまで、いけないのは「嘲笑」であって、温かい笑いに包まれれば、傷つかない子も多いのです。むしろそんな時、ユーモラスに一言、

例えば、「なんでやねん！」と言ってもらえたら、ずいぶん楽になるでしょう。失敗した子も一緒に笑える笑いの共有。これが集団にとって、何よりも大切なことなのです。

★………少しの失敗くらいは、笑って済ませられる子に

　失敗を恐れ、発表できない子がいます。失敗すると、人生が終わったような顔をする子もいます。そんな子を、どうにかして「強い子」にしたいと考えます。そして、強くする秘訣は、なんと言っても教師のユーモアです。失敗くらい笑ってユーモアで済ませられる、間違いの意見でも自信をもって発表する……。そんな子に育て得るのは教師しかいません。また、教師にはその責任があるのです。もちろん、そこに到達するまでには、スモールステップが必要です。気を付けないと、それこそ一生の傷になりかねないからです。

**あくまで、子どもの性格に応じて行うこと！
笑いは温かいものに**

＋one point！　より効果的にするためには！

子どもによっては、ユーモアが好きな子、苦手な子がいますが、やんちゃな多くの男子、そして意外と大人しい真面目な女子には効果抜群です。

column

4　既存の授業技術を疑う

　子どもを指導する時の、教師の「決まり文句」があります。
　例えば、「分かりましたか？」です。一通り説明を終えた後で、「分かりましたか？」と尋ねれば、子どもは決まって、「はい。分かりました」と応えます。しかし、分かっていない子も、反射的に応えます。教師は、その子どもの反応で、安心しているだけに過ぎません。「分かりましたか？」は、授業でつかわないようにしましょう。
　「考えなさい」という言葉も、よく使われています。しかし、子どもが真剣に課題に取り組んでいるのか否か、どのような解を導き出したのかが、この「考えなさい」では確認することができません。なかには「考えているふり」をしていたり、さして考えることもせず、他の友達の意見に倣って発言したりする子もいます。「考えなさい」ではなく、「考えを書きなさい」と指示して、確実に考えさせましょう。
　「できた人？」という確認の仕方も、ありがちです。このやり方は、早く作業ができる子や、理解の早い子にスポットを当てて授業を進めてしまうことになります。この一言で、考え中の子の思考は中断してしまいます。始めから真剣に考えようとせず、できる子にお任せという子も見逃してしまいます。「できた人？」ではなく、「まだの人？」という確認のやり方に変えることで、すべての子に授業参加の機会をあたえるようにしましょう。
　挙手によって、子どもを指名して進める授業も、広く行われています。しかし、手を挙げる子というのは、自信のある子や、人前で発表するのが苦にならない子だけです。いかに子どもでも、「人前で話すのは恥ずかしい」「間違っていたらどうしよう」と思っています。手を挙げることができない多くの子は、発言の機会を得ることができません。そこで、子どもの挙手に頼るやり方を改めて、教師が指名して発言させるやり方にします。指名されれば、どの子も自分の意見を発表せざるを得なくなります。また、いつ指名されても困らないように、緊張感も生まれます。さらには、いつ指名されても発表できるように、授業にしっかり参加し、課題に真剣に取り組む意識も生まれます。

Chapter 5

どの子もわかる！夢中になる！
教科別授業アイデア

1つの教科に特化したスペシャリストではなく、
すべての教科をまんべんなく教えることができる
ジェネラリストの力が、小学校の教師には求められます。

Chapter 5 同じスタートラインが、子どもに自信をもたせる！

> 当然のことですが、学習理解には、個人差があります。
> なんの手も打たずにいると、
> 理解がゆっくりの子は、やる気を失い、
> 自分に対する自信さえ失ってしまいます。

①スタートラインを揃える

　学習内容を速く理解できる子は、相応の知識や技能をもった上で、学習に臨んでいます。これは、それまでの積み重ねによるものなのですが、スタート時点で、子どもたちにはすでに差が生まれています。そのまま新しい学習を始めれば、なんの知識や技能も身につけていない子との差は、どんどん広がるばかりです。そのため、スタートラインをできる限り同じにしてあげる必要があります。例えば、割り算に入る前にかけ算九九の練習をさせる。読解に入る前に、漢字や語彙を別途予備学習する時間を確保する。その上で、新しい学習や単元のねらいに迫る学習に入るようにします。また、漢字や語彙の学習などは、子ども同士による教え合い学習を取り入れるなど、さまざまな工夫が考えられます。

　できるだけスタートラインを同じに近づけることで、理解の差を埋め、どの子も自信をもって学習に臨めるようにしましょう。

②「差」をなくす指導法の工夫を

　例えば、計算や漢字練習では、速い子と遅い子との差が如実に表れます。そこで、練習問題は、3問だけに絞る、5分間でできるところまで行う、などといった工夫が必要です。

そうすることで、課題にかける時間の差が小さくなり、速くできた子の待ち時間も少なくなります。ゆっくり取り組む子にとっては、手の届くゴールなので、やる気を失うことがなく、やりきったことに対する自信をもたせることができます。

③丁寧さを認める姿勢を

　早くやり終える子の中には、丁寧さに欠ける子が少なくありません。途中の計算式を省略していたり、雑な文字で書きなぐっていたりしています。反対に、ゆっくり取り組む子の中には、理解や習得に時間はかかるけれど、丁寧に取り組む子がいます。

　早くても、雑だと、どこで何を間違えていたのか、自分がどのような思考過程をたどってきたのか分からなくなり、結果、学力が伸びなくなります。反対に、丁寧な子は、必ず学力を伸ばすことができます。丁寧に学習に取り組む姿勢は、授業を通じてクラスすべての子どもに身につけさせなくてはなりません。丁寧にやる子をみんなの前で大いに認め、物事にじっくり丁寧に取り組むことの大切さを教えましょう。

　時間差が少なくなると同時に、やり終えた後の充実感も大きくなり、子どもたちそれぞれに自信をもたせることになります。

④教え合える関係と雰囲気づくり

　早く課題を終えた子に、読書をさせたり、予備プリントをさせたりする方法が広く行われています。時には、必要なこともあるでしょうが、いつもそのようなことが行われる授業には疑問を感じます。授業づくりと学級づくりは一体であることを考えれば、同じ活動をする時間をできる限り多くする必要があります。

　そこで、早くできた子に、遅い子のサポートをさせる方法があります。ただし、あくまでサポーターですから、できた子が自分のやり方を押しつけたり、遅い子に対して優越感を抱いたりすることのないように、教師がしっかり観察しながら指導していかなくてはなりません。

　教え合うことのできる関係づくりができあがった時、クラスは一段と団結力を増すことになります。

Chapter5 ① 国語科 [実践1]
「手引き」に注目して国語授業を変える

　国語科の授業づくりに悩む教師は、意外と多いようです。実際、私も一番悩んだのが国語科でした。その悩みも「手引き」に注目すれば解決できます。

⇨ねらい　「手引き」も文部科学省の検定対象になっているページです。この手引きをしっかり読み込み、活用すれば、1年間で子どもたちに身につけさせなくてはいけない国語科の教科内容をきちんと押さえることができます。

⇨進め方とポイント　まずは手引きを隅々まで読み、子どもたちへ指導すべき学習用語を確定させていきましょう。そして、子どもたちへ取り組ませる「文型」を決めてください。以下に、例を示してみます。
　「○○はどんな人物だろう。」←手引きの問題
　「この問題では『登場人物（学習用語）』を学習します。登場人物とは、物語の中で、ある役柄で出てくる人のことです」
　「『○○は〜〜である。』（文型）とノートに書きましょう」
　こうすれば、教えるべき事項が明確になり、子どもたちもすんなりと問題に取り組むことができます。

国語の授業づくりは「手引き」から始めよう！

＋one point !

学習用語とは「人物」「比較」などその教科における専門用語のことです。こうした言葉を教えることで、学習の積み上げとなります。

Chapter5 ①　国語科 実践2
「間接的に問うこと」を基本に

「本当に読めているのか？」と確かめたい時、そして、何より子どもを乗せたい時は、「主人公が変わったのはいつか？」などとストレートに問わずに、「間接的に問う」という手法を用いるといいでしょう。

▷**ねらい**　国語科の文章読解で、まず目指すものは、中心人物の変化した場所を、直接的に問わずに、子どもに気付かせるようにすることです。国語科でも社会科でも、「直接問うこと」は子どもに退屈と感じさせる要因になってしまうからです。

▷**進め方とポイント**　まずは、「教材の正確な（妥当な）読みができること」を目標に置きます。そのためにも、「直接的発問」だけではなく、「間接的発問」を効果的に用います。例えば、物語「大造じいさんとガン」のクライマックスにおいて、大造じいさんの変化した場所をとらえるとすると、「銃を下ろしたところ」になり、ここに気付かせたいのです。そこで、その後の大造じいさんが残雪とハヤブサに駆け寄ったところに注目させます。そして、ここに立ち止まり、「駆け寄った時、大造じいさんは残雪をうつつもりだったよね？」と問うのです。「正確に」読み取れていれば、「必ずしもそうとは言えない」という意見になりますが、読み取れていなければ、「うつつもり」などの意見が出ます。

どう問えば目当ての場所に注目し、正確な読みにつながるかを工夫する。

➕ **one point !**

発問づくりの流れは、「スタンダードな発問」から始め、その後、「間接的に問う発問」へと展開させていくのがポイントです。

Chapter5 ①

国語科 実践3
タイプ別学習法で漢字指導

漢字が苦手な子の原因はさまざまです。①書き順を覚えられないタイプ、②同音異字を間違えるタイプ、それぞれに合わせた指導法をご紹介します。

⇨ねらい ①のタイプの子は、順序を覚えるのが苦手です。一度に覚える数を減らしてあげましょう。②のタイプの子は、音で覚えるのが得意で、記号を目で覚えるのが苦手です。目と耳を使うように指導しましょう。

⇨進め方とポイント
　①のタイプの子：パーツ別色分け法
　例えば「湖」という字なら、「さんずい」、「古」、「月」のパーツごとに色分けします。一度に覚える量が減るため、覚えやすくなります。
　②のタイプの子：輪郭漢字＋字書き歌
　漢字の元になった絵を漢字の背景に描いて、イメージしやすくします。また、書き順を表す字書き歌を作り、耳を使うことでさらに覚えやすくなります。

「湖」パーツごとに色分けする　／　「髪」「かみの長い三人の友達」と言語化する

タイプ別漢字学習法が苦手意識を解消させます。

＋ one point !
①と②の両方を使うと、たくさんの感覚を使うことになるので、効果的です。しかし、苦手な子は混乱するので、注意も必要です。

Chapter5 ① 国語科 実践4
難読漢字を調べさせよう

　普段の授業だけではありません。参観日にもおすすめのこの方法。漢字が苦手、嫌いという子も楽しく、喜んで参加することができます。

⇨**ねらい**　知らない漢字や読めない漢字の読み方を予想し、その後、国語辞典で調べさせることにより、漢字と国語辞典をセットにして学ぶことができます。漢字の偏（へん）と旁（つくり）を見て、漢字の意味や読み方などを予想させ、漢字に興味をもたせるようにします。

⇨**進め方とポイント**　教師が、いくつかのテーマに合った難読漢字を用意します。例えば、生き物編では「蟷螂(かまきり)」「百足(むかで)」「蚯蚓(みみず)」「蝸牛(かたつむり)」「蟋蟀(きりぎりす)」。植物編では、「西瓜(すいか)」「牛蒡(ごぼう)」「玉蜀黍(とうもろこし)」「胡瓜(きゅうり)」などです。班対抗で行い、読み方を全部書けたら、教師のところに持ってこさせます。班での相談はありです。また、ポイントは、絶対に班同士で答えを見せ合わないことです。

　参観日では、保護者が一緒に入ると、さらに盛り上がります。

繰り返し、楽しく国語辞典を使うことができます。

✚ one point !

子どもたちには、答えは言わず、○か×かだけを伝えます。さらに、「基督(キリスト)」などの人物編や「西班牙(スペイン)」などの国名編で行っても応用がききます。

Chapter5 ②　算数科 実践1
タイプ別学習法で時間の指導

例えば、「2時50分の20分後」の解を求める時、人は2種類の方法で考えます。得意な方法で、無理なく求めさせる指導法をご紹介します。

▷ねらい
①アナログ時計をイメージするタイプは、視覚的に考えるタイプです。②数字をイメージして計算するタイプは、順序立てて考えるタイプです。それぞれに合った指導法があります。

▷進め方とポイント
①アナログ時計イメージタイプ

アナログ時計に、○分間を表す扇形を重ねます。答えは一目瞭然です。○分間を求める場合も、同様です。

②計算タイプ

筆算、もしくは数直線で計算します。60進法の繰り上がり（下がり）を無意識にできるように、繰り返しましょう。

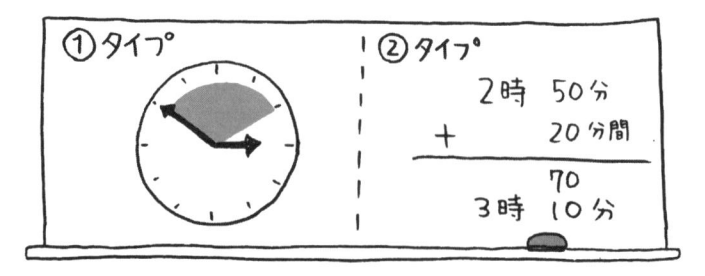

タイプ別時間学習法で無理なく解を求めさせます。

＋one point！
①と②の両方を使っていくと、たくさんの感覚を使うことになるので、思考力を高めていくためにも効果的です。しかし、苦手な子は混乱するので、注意が必要です。

Chapter5 ②

算数科 実践2
単元第1時は「復習」の時間を！

算数科は積み上げが重要な教科です。高学年になればなるほど「算数は難しい……」と困る子が多くなっていきます。何か手立てはないのでしょうか。

⇨**ねらい** 新しく習う問題を解くためには、今までに習ったことができなくてはいけません。教科書の内容にとらわれず、新単元に必要な既習事項の復習をしっかりと行いましょう。

⇨**進め方とポイント**
①新単元に必要な既習事項の中で、必要と思うものをリストアップする（クラスの子どもたちを思い浮かべながら！）。
例）2ケタ×2ケタのかけ算の場合
・繰り上がりの足し算／・足し算の筆算／・九九
・2ケタ×1ケタのかけ算の筆算　など
②リストアップした学習事項を単元の第1時で復習する。
③単元第2時以降は、普段通りに授業を進める。

既習事項のリストアップと実践で子どもの学力が積み上がる！

＋one point！

「事前に何を授けるか」によって、単元の学習は大きく変化します。教科書の内容にとらわれず、「これは教えたほうがいいかも」というものをどんどん子どもたちに教えてあげましょう。

Chapter5
②

算数科 実践3
時間毎の出発点を準備する

　積み上げが重要な算数科は、既習事項を基に、問題を解いていきます。本時で用いる既習事項を復習することで、どの子も同じスタートラインで勉強を始めることができます。

▷**ねらい**　授業の導入で、例えば、簡単な整数の割り算の復習をさせることによって、割り算の仕方が定着していない子に対して、小数の割り算への苦手意識を取り除き、スムーズに小数の割り算の学習に入れるようにします。

▷**進め方とポイント**　4年生では、小数の割り算を学習します。しかし、整数の割り算ができないと、小数の割り算はできません。したがって、授業の最初に、同じ桁数の整数の割り算を復習し、その上で小数の割り算に取り組むといいでしょう。子どもによっては、学年内だけでなく、下の学年にまで戻らないといけない場合もあります。

下学年の教科書を見ることは、非常に有効な教材研究となります。

＋ one point！

他の学年の教科書を見て、単元のつながりを確認するといいです。p.114〜115「とにかく教科書を大事に！　教科書研究」も参考にしてください。

100

Chapter5 ②　算数科　実践4
分数のかけ算（真分数×帯分数）

毎時間の積み上げによって、算数の力は伸びていきます。1つひとつの指導事項を丁寧におさえていくことで、飛躍的に算数が分かるようになります。

▷**ねらい**　$\frac{7}{13} \times 1\frac{6}{7}$ の計算の仕方を習得させるためには、帯分数を仮分数に直すための計算手順や処理手順を教えなくてはなりません。そして、それを繰り返すことで、子どもたちはやり方を覚え、基礎力を身につけていくのです。

▷**進め方とポイント**　まず、「この問題を解くためのカギはどこですか？」と聞きます。子どもたちは、「帯分数を仮分数に直します」と答えます。「では、どのように直しますか？」と聞くと、「分母は7のまま。分子は7×1＋6で13になるので $\frac{13}{7}$。よって $\frac{7}{13} \times \frac{13}{7}$ になります」と答えます。このように、アルゴリズム的にどの問題も繰り返し問います。問う順番も同じです。これで、何をするか、どうするかが頭に入っていくのです。

順番、やり方が具体的に分かればできるようになります。

＋one point！

繰り返すことで、誰でも答えることができるようになります。不安な子に対しては、「次はどうする？」と繰り返し答えさせるようにしましょう。

Chapter5 ③ 社会科 実践1
「考えを広げる」社会科学習

　社会科をただの暗記教科にしないためにも、それまでに子どもたちが、「学んだこと」を基に学ばせ、効果的に生かしていくようにしましょう。楽しく盛り上がり、理解も深まります。

⇨**ねらい**　ただの「暗記」ではなく、子どもたちがこれまでに学習したことを基に学習させていく。これは、算数科では当然のことですが、それを社会科にも盛り込んでいくと、グッと知的な授業になります。

⇨**進め方とポイント**　社会科は、自分に身近なことから、徐々に学習の範囲が広がっていきます。例えば、4年生の学習では、農業や漁業などを、「地域の産業」というかたちで学習します。それが5年生では、それぞれの産業が気候や地理、歴史などと、密接に関係しているという視点を、子どもたちが身につけるような学習になっていきます。知識を暗記することだけではなく、既存の知識を基に、考えを広げることのできる力を身につけさせることが、社会科では大切です。

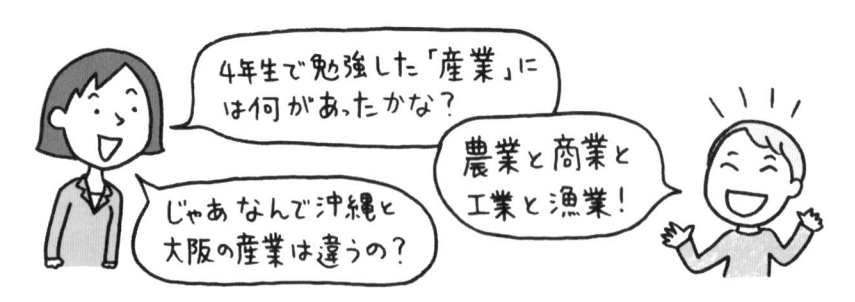

（4年生で勉強した「産業」には何があったかな？）
（農業と商業と工業と漁業！）
（じゃあなんで沖縄と大阪の産業は違うの？）

社会科でも「つながり」の意識をすればワンランク UP！

＋ one point！

　社会科でも算数科のように、いつも、「前の単元とつながっていないかな？」という視点をもって臨めば、より深い学習ができます。

Chapter5 ③ 社会科 実践2
苦手な子もできる地図指導

　地図の学習が苦手な子は結構います。もしかすると、教師にも苦手な人がいるのではないでしょうか。そんな人におすすめの指導法です。

⇨**ねらい**　地図が苦手な子は、地図と実際の世界を対応させることができないのです。視点の移動を意識し、スモールステップで指導しましょう。

⇨**進め方とポイント**
　①道案内を書く（例「家庭訪問に行くから、道を教えて」）。
　②高いところから見る（例「～はどこ？」「どちらが近い？」）。
　③ Google Earth といったインターネットを使って視点の移動を繰り返す。
　④教室全体を使って、歩ける立体地図を作る。
　⑤地図を使った学習をする。

立体地図で楽しく地図への橋渡し！

➕one point！
地図の読み取り指導では、①地点（点）、②２点間の距離・道のり（線）、③周辺の特徴（面）の順で指導しましょう。

Chapter5 ③ 社会科 実践3
重要語句の暗記はお任せ！「班クイズ」

　調べ学習やまとめの学習では、子どもたちはしっかりがんばっているのに、肝心のテストが今ひとつ。そういった経験、ないでしょうか。そんな悩みにおすすめしたいのが、「班クイズ」です。

⇨**ねらい**　子どもたちに重要語句を定着させます。単元を通して行うので、簡単な方法にもかかわらず、学習効果はかなり期待できます。

⇨**進め方とポイント**
　①単元、もしくはテスト範囲に関する重要語句を教師から子どもへ伝える。子どもたちはその語句に線を引く（単元の第1時に行う！）。
　②その線を引いた箇所が答えになるように、クイズ形式で班のメンバーと問題の出し合いをする（はじめは教師が問題を出してモデルを示してもいい。例「問：琵琶湖は何県にあるでしょう？」「答：滋賀県です」）。
　③はじめの段階は教科書を見てもいい。しかし「教科書を見なくても答えられるようになろう」と、解答するための条件を少しずつ厳しくしていく。
　④これを授業のはじめ5分間で行う。

「班クイズ」でテストもばっちり！

＋one point！
時には班だけではなく、「自由に歩いて出会った人と出し合おう！」というようにバリエーションをもたせるといいです。「男女で」などとするとクラスの仲間づくり、団結にも役立ちます。

Chapter5 ③ 社会科 実践4
社会科資料の手に入れ方・見せ方

　社会科は「資料が命」と言われます。ここでは資料を手に入れる方法と、提示の方法についてお伝えします。

⇨ねらい　教師が優れた資料を入手し、適切に提示することで、社会科で重要な資料活用の力を育てるとともに、社会科に興味関心をもたせるようにします。

⇨進め方とポイント　資料は現地で調達し、本物を見せることが一番良いです。しかしそれが、すべての授業でできるわけではありませんので、写真の提示も多くなります。ここで使えるのが、Yahoo! や Google といったインターネットによる「画像検索」です。キーワードを打つと、その画像をすぐに入手できます。

　また、資料の見せ方には、①黒板に貼る、②一人ひとりに配付する、③大型TVなどで画面を映して掲示する、という３つの方法が考えられます。

①写真を黒板に貼る
思考の流れの手助け。まとめやすい

②一人ひとりに配付
細かい部分も見られる

③大型TVなどで画面を映す
楽！しかし、座席によっては見にくい子も。前の画像は画面に残りません

学習内容に合わせて資料の提示の仕方を使い分けましょう。

＋one point!
教師自身が興味をもてる資料を提示することが重要です。「あれ？　いつも見ているものと違う」「どうして？」と、子どもに驚きや疑問が生まれる資料を提示しましょう。

Chapter5 ④ 理科 [実践]
動画を活用することで学習意欲UP！

　理科の学習では、子どもたちに動画を見せる機会もあるでしょう。この動画も、活用の仕方でより有効な学習につなげることができます。

⇨**ねらい**　例えば、NHKといったテレビによる教養番組の動画を見せることで、学習に対する意欲を高めることができます。また、適切な技能や知識・理解を身につけることもできます。

⇨**進め方とポイント**　本来は、すべての実験・観察ができればいいのですが、他教科や行事などとの関係によって難しいのが現状ではないでしょうか。そんな時に有効なのが、NHKといったテレビによる教養番組の動画です。実験の手順や、結果、考察を分かりやすくまとめてくれています。動画の視聴は、インターネット回線をおすすめします。放送時間を授業に合わせて決めることができるからです。

この動画は単元の導入に使おう！

次の動画は実験の手順に関するものだから単元の第2時目の中頃だな

まとめの動画は最後のテストの直前に見せるのがいいな

動画は、ただ見せればいいのではなく、使いどころが重要です。

＋ one point！

動画は、見て終わりではなく、まとめもしましょう。子どもにとっての「新発見」や「なるほどと思ったところ」など、視点を定めることで、学びが深まります。

Chapter5 ⑤ 体育科 [実践]
全員を巻き込む「ルールのマイナーチェンジ」

　男子「女子が見てるだけです」、女子「だって男子がパスくれないから」、男子「それは下手だから……」。このような言い合いを解消するには、ルールのマイナーチェンジが一番です。

⇨**ねらい**　子ども自身がクラスの実態を把握し、どの子もある程度活躍できるルールを考えることができます。そのために、授業の終末5分は、話し合いの時間を確保するようにしましょう。

⇨**進め方とポイント**　どのクラス、どの学年を担任しても、たいてい前記のような言い合いは発生します。いえ、正しくは、言わせるようにしています。授業の終末に、あえて不満や改善点を子どもたちに言わせます。そして、「じゃあ、どうしよう？」とルールのマイナーチェンジを繰り返し、そのクラスに合った独自のルールをつくるようにさせるのです。

ルールがうまくはまると、言い争いは減り、男女で協力するように！

➕ **one point !**

　たいてい「女子が絡むと点数2倍」というルールがつくられます。その後、「男子にも2倍にしたほうがいい人がいる」となり、全員を巻き込めるようになります。ルールに頼るだけでなく、個々の技能向上も忘れずに。

Chapter5 ⑥ 図画工作科 [実践1]
単元の導入で見本作品を見せてみよう

　図画工作は、専門的知識がないと指導できないのでしょうか。教師が絵を描くことが上手でないと、だめなのでしょうか。いえ、決してそんなことはありません。

⇨ **ねらい**　子どもたちの「作品を批評する目」を鍛えます。「視る」ことができるようになると、ぐんと子どもたちの創作活動がレベルアップします。

⇨ **進め方とポイント**　単元の導入がポイントです。描かせたい、創らせたい作品の完成品（コンクールの入選作品などがインターネット上にあることが多いです）を子どもたちに見せます。そして「気が付いたこと」を次々と交流させます。最後に教師の解説も入れます。それから、作品作りをスタートします。作品を見せる時にはプロジェクターで大きくする、全員を前に集めて十分に見やすくしてあげるなどの配慮が必要です。

　こうした単元の導入を繰り返すことで、視る目が鍛えられ、自力で良い作品を作る力がつけられていくのです。単元導入時に作品作りの過程を伝え、見通しを立てさせることもお忘れなく。

導入時に見本作品を見せるだけで授業が変わる！

＋ **one point！**

各時間の冒頭に、本時のアドバイスやうまくいっている子の作品を取り上げ、具体的なモデルを示すようにすることも有効です。

Chapter5 ⑥ 図画工作科 実践2
本物そっくり

　図画工作でも、ぜひ子どもたちに達成感を味わわせましょう。この実践は、思わず集中してしまう題材です。子どもたちが意欲的に取り組み、満足度が高いものになることでしょう。

⇨**ねらい**　もっとも子どもたちが熱中しやすい図画工作。なかでも、実物をしっかり見て描く活動は、子どもたちの集中力を上げ、達成感を味わわせるものです。身近な物で、見たものを表現する力が身につきます。作品ができあがった時の感動が生まれる題材です。

⇨**進め方とポイント**　カップラーメンの紙蓋を用意します。その紙蓋を縦に半分、もしくは横に半分に切ります。切った半分の紙蓋を画用紙に貼り付けます。残りの半分を描いていきます。

　半分は本物、半分は描いたものになるので、よく蓋を見て、できるだけ同じように描かせます。鉛筆で薄く下書きをさせながら、まずは蓋の輪郭を描かせ、その後に細かいところを描かせていきます。最後に絵具で着色させます。

よく見ないと描けないので、事物を見る力が養えます！

＋one point！

カップラーメンに描かれてあるものは、なんでも細かく丁寧に描かせましょう。バーコード、成分表なども丁寧に描かせることが大切です。

column 5 得意教科を無理にでもつくろう

　子どもの学力形成のためには、ねらいをしっかり定め、組み立て方や発問、教材や教具に工夫を凝らして授業を進めなくてはなりません。これは、一部の教科に限ったことではなく、すべての教科について言えることです。

　例えば、国語科を専門にして学び、国語科の授業が抜群にうまい教師は、当然ながら、国語科の学力形成のために必要な授業の進め方ができます。ところが、それだけにとどまらず、他の教科でも、国語科と同じように上手な授業をすることができるのです。「この教科なら、自信をもって授業できる」というものがあれば、他の教科の専門的な理論や知識は、得意教科にはとうてい及ばなくても、そこそこ子どもの学力形成を保障する授業、全員を参加させる授業、夢中になって取り組ませることのできる授業ができるようになります。どうすれば子どもが意欲的になるか、子どもがどこでつまずき、それについてどのように指導すればいいか……。そういった「授業の基礎」が、国語科の授業を通じて身についており、他の教科にも応用可能な力が身についているからです。

　教師になって、それほど経験を積んでいない人こそ、自信をもって授業することのできる教科をもつべきです。大学時代に専攻していたものでもいいでしょう。実際に教壇に立って、教えるのが楽しい、その教科に興味をもった、というものでもいいでしょう。とにかく、しばらくは、あれもこれもと焦るのではなく、何か1つの教科に打ち込んで研究する時期をもつことで、それぞれの教科にはどのようなねらいがあり、どのように学力形成をはかっていくべきかといった、重要なポイントがあることを理解することができるようになります。すると、自然に授業の進め方について考えるようになり、授業のポイントが分かってきます。たとえ、研究教科が、数年でチェンジしたとしても、それはそれで良いことです。

　得意な教科、研究に打ち込む教科をもつことで、同じ志をもった仲間との出会いもあります。地元の教師とのつながりは、教科研究だけではなく、学級経営や生徒指導などで相談に乗ってもらったり、アイデアを交換し合ったりできる、貴重なつながりの場にもなります。

　まだ得意教科がないという人は、無理にでも、いずれかの教科を研究することをおすすめします。

Chapter 6

みるみる自信がつく！
授業がうまい教師が必ずやっている
事前準備

「これだけは！」と、子どもを夢中にさせる授業を、
1日に最低1つはできるように、
事前準備に心がけましょう。
毎日の努力の積み重ねが、授業力アップにつながります。

Chapter 6 努力なくして成長なし！子どもに恥じない努力を

> 名人と言われる教師は、人並み以上に努力を重ねて、今に至っています。授業がうまくなるためには、相応の努力が必要です。その姿勢が、教師として必要な資質も高めてくれるはずです。

①うまくいかない理由を、自分に返す姿勢を

　たとえ、経験豊富な教師でも、すべての授業がうまくいくわけではありません。時には、納得できない結果に終わることもあります。若い頃は、なおさらのことです。授業が思ったようにいかなかった時は、「自分のやり方のどこに不備があったのか」「何がいけなかったのか」と、その責任を自分の力量不足としてとらえ、反省し、次に生かすようにしなくては、進歩はありません。「自分の指導は間違いないのに、子どもが悪い」などと、子どもに責任を転嫁することなど、もってのほかです。

　そもそも、完璧な授業など世の中にあり得ないのです。若い頃には、うまくいかないことのほうが多いのが普通です。自分で納得がいかないから、うまい授業ができるように努力するのです。それが、目には見えませんが、授業技術の向上につながります。

②進んで公開する

　教室という「密室」の中で行われる授業は、外部からの評価を得ることが難しい営みです。相手が子どもということもあって、無難に時間を過ごしてしまえば、誰からも批判されることはありません。また、多くの教師は、授業を他の人に見られることにプレッシャーを感じるものです。それで、授業

参観以外には、授業を公開するのを拒絶する教師がたくさんいます。しかし、それでは、授業の力量を高めることはできません。「うまくいった」と思っていても、それは自己満足に過ぎないかもしれません。他の教師に授業を公開し、自分の授業を客観的に評価してもらうことではじめて、自分の不足している点や、改善点を知ることができます。特に若いうちに、積極的に授業を公開し、できる限り辛口の批評をもらうことが、授業力アップにつながります。

③子どもに求めることは、自ら範を示す

　私たち教師は、子どもに、「読書せよ」「勉強せよ」と、努力することを求めています。しかし、自分自身を省みて努力することには無頓着な人が多いように思います。子どもに「努力せよ」と求めながら、自分は努力しようとしないというのでは、単なるペテン師です。子どもに求めることは、自ら率先して範を示すのが、人を教える者の務めであり、人として誠実な行いです。授業力アップのために努力する姿勢は、必ず子どもたちに伝わるはずです。授業力アップが、教師力のアップにつながる理由は、その過程の努力する姿勢にもあるのです。

④「できる」と思わない謙虚さを

　ある程度経験を重ねて、授業がそれなりに成立するようになると「私の指導力はまずまずだ」「自分は授業がうまい」などと考えがちになります。誰の授業を見ても、書籍を読んでも、「私のほうが素晴らしい授業をしている」というフィルターが無意識にかかり、客観的に見れば、大したことのない授業に自己満足してしまうのです。

　世の中には、素晴らしい授業を追い求めて努力している教師が山のようにいます。授業を公開して、批評を受け入れ、それを糧として、前進している教師がいます。それは、謙虚さがあればこそできることです。

　「自分はできる」と思った瞬間から、進歩は止まってしまいます。

Chapter6-1 とにかく教科書を大事に！
教科書研究

> 特に算数科では、経験年数が増えるにつれ、自作教材の割合は少なくなり、教科書を使った指導の割合が増えていくものです。それは、教科書の緻密さに気付けたからです。問題や資料の意図を考えることを手掛かりに、教科書研究をしましょう。

★………教科書は隅から隅まで

　教科書会社の人と話をする機会がありました。その人の話で、教科書というのは、学習指導要領を踏まえ、系統性を考え、緻密に構成されていることを知り、驚かされました。それと同時に、これまでどこか教科書をないがしろにしていた自分を恥ずかしく思いました。

　教科書のすべての問題、すべての資料、すべての文章には、意味が込められているのです。それ以降、私は、できるだけ教科書は隅から隅まで、すべて触れるようにしています。自作教材と比べ、教科書は指導事項に漏れ落ちがありません。

★………単元の「入口」と「出口」から見えてくる本質

　特に算数科は、学年のつながりが重要です。そこで、教科書の比較をおすすめします。例えば割り算なら、前後の学年の割り算を扱った部分や、他の教科書会社のものを比較することで、割り算の本質が見えてきます。また、経験のある先輩教師に、その単元のつながりについて尋ねてみるのもいいでしょう。その単元の「入口」と「出口」がはっきり見えることで、押さえなければならない指導事項も明らかになってきます。

★………教科書「を」教えるのではなく、教科書「で」教える

　教科書「を」教えながらも、教科書「で」教えているということを頭の片隅に置いておく必要があります。前記のように、教科書会社は緻密に教科書をつくっています。しかし、教科書会社の意図が分からなければ、100%の効果は得られません。かと言って、すべての意図が分かるはずもありません。

　そこで、意図を自分なりに考えることをおすすめします。その意図を考えることが、教科書「を」教えるから、教科書「で」教えるということにつながります。

**資料の意図を探るのが重要です。
前後の授業のつながりを考えて！**

＋one point！　より効果的にするためには！

　教科書研究は、時間を確保することが大事です。教師の毎日は業務が多岐にわたり忙しいですが、それでも少しは教科書研究に時間を充てるように努めましょう。

Chapter6 2 自分の得意な「型」を見出す
授業研究

「授業研究って、何をすればいいの?」という疑問にお答えします。教科書をよく見ること、子どもの様子をよく観察すること、これらはとても大切なことです。さらに、それらに加えて、以下の3つの視点で授業を「研究」していくことをおすすめします。

★………「型」を知る

　研究とは、先人の成果の上に、自身の新たな成果を積み上げることです。難しそうに聞こえますが、そんなことはありません。
　研究の第一歩は、先人が積み上げた授業の「型」を知ることです。他の人の授業を知らなければ、自分の授業がどうなのかが分かりません。

★………授業の型（社会科編）

　授業の型をいくつかご紹介します。社会科編ですが、他の教科でも実践可能です。詳しくは、次に挙げた先生方の著書を参考にしてください。
　①追究型：子どもの興味をひくネタから、もっと調べたいという追究意欲を高め、子どもを「追究の鬼」にする。（有田和正先生）
　②ネタ型：子どもの興味をひくネタを授業内に散りばめ、活動や教師の説明によって、子どもの理解を深める。（河原和之先生）
　③意思決定型：意見の分かれる課題に対して、どうすべきかを議論し、自分の意思を決定する。（小原友行先生）
　④社会参加型：社会のさまざまな問題を取り上げ、解決策を検討し、実際に解決のために行動する。（唐木清志先生）

★⋯⋯⋯「守・破・離」

　まずは、自分が良いと思った授業を真似てみましょう。真似は決して悪いことではありません。人の良いところを学び、自分の授業に生かすことはとても大切なことです。

　真似てみると、うまくいくところと、うまくいかないところが出てきます。それは、まだ「借りもの」だからです。次は、良いと思った授業がなぜ良いのかを細かく考えましょう。すると、良い授業の「カラクリ」が見えてきます。もちろん、すぐには見えません。何度も真似して、考えることの繰り返しが大切なのです。型を「守」る時期です。

　良い授業の「カラクリ」が見えてきたら、先人の築いた型を破り、自分が良いと思うものを取り入れましょう。型を「破」る時期です。ここでうまくいかなければ、まだ型の「カラクリ」が分かっていなかったのです。この繰り返しも、とても大切です。「破」がうまくいけば、最後は「離」です。先人の築いた型を離れて、自分のオリジナルの型を見出します。

「守・破・離」で得意な型を身につける！

✚ one point！　より効果的にするためには！

教育界には、数多くの研究会（団体）が存在します。特定の研究会のやり方に固執するのではなく、多くの研究会から広く学びましょう。

Chapter6 ③ こうすればコツがつかめる！
教材研究

> 先輩教師に「教材研究してる？」「教材研究したほうがいいよ」と言われても、何をすればいいのか分からない……。そんな経験はないでしょうか。教材研究における効果的なポイントは、3つあります。

★………まずは授業の「型」をつくれ

　どんなに教材研究しても、授業の流し方ができていなければ、宝の持ちぐされになってしまいます。例えば、国語科ならば「漢字→音読→教科書」、社会科ならば「調べ学習→発表→話し合い」などのような「型」をつくっておくと、きちんと授業が流れていきます。また、そうすることによって、子どもたちも何をすればいいのかが明確になっていきます。

　やみくもに教材研究しても意味がありません。その流し方に合った教材研究をするべきです。

★………とことん調べろ

　当たり前のことですが、隅から隅まで教科書を読み込みましょう。私は、新任の頃、少なくとも10回以上は必ず教科書を読んでいました。その中で分からない言葉や、少しでも自信のないことは、すべて辞書やインターネットを使って調べました。

　図画工作科なら、まずは作品を自分で描いてみるべきです。そこではじめて、何を指導すべきなのかが分かってきます。子どもに教える前に、教師が自分で実際に考えたりやってみたりする。これは、どの教科の授業でも基本です。

次に、1時限の授業を見開き2ページのノートに書いていきました。必要な知識、どのように教えるかなどを具体的に書いていきます。そうすると、1時限の授業がパッとイメージできるようになります。

★………実践を見つけろ

　基本として、教科書を読み込む、分からない言葉を調べる、ノートに書くことを挙げましたが、それはあくまでも経験がなくてもできることです。

　さらに取り組むべきこととして、先輩教師に「教材研究をどのように行っていますか？」と聞いてみたり、指導案を調べたり、書店に行って実践を探したりしてみましょう。すると、自分では考えられなかった教材研究を知ることができます。

　繰り返すうちに、少しずつ教材研究の視点を鍛えていくことができます。

人間はいつだって学ぶことが大切。足で稼ごう！

＋one point！　より効果的にするためには！

教材研究をしても、授業は失敗することだってあります。上手くいった点と上手くいかなかった点を、必ずメモしておきましょう。それがあなたを成長させてくれます。

Chapter6 4 質より量からコツがつかめる！
指導案づくり

> 指導案は誰のために書くのでしょう。参観者に分かりやすく書くことは当然ですが、まずは、自分のために書きます。自分自身の授業を良くするために書きます。自分自身のための、良い指導案づくりのポイントをご紹介します。

★……具体的な目標を立てる

　授業がうまくいったかどうかは、子どもが目標を達成したかどうかで決まります。曖昧な目標だと、それが分かりません。そして、目標があいまいな授業は、実際の授業も曖昧になります。誰が評価しても、ぶれない具体的な目標を立てましょう。

　　×曖昧な目標：「地図の読み取りができる」
　　○具体的な目標：「地図から２点間の距離を読み取ることができる」

★……子どもの反応を書き出す

　指導案には、教師の発問や指示に対して、子どもがどう反応するかを具体的に書き出しましょう。ここが書けないということは、授業を想定しきれていないということです。子どもを思い浮かべて、どんな反応をするかを考えながら、教師の発問・指示を立てるのです。

　また、子どもの反応をたくさん書くことで、授業での対応の準備もできます。経験の少ない若手教師が対応力を身につけるには、事前にたくさんの想定をすることが大切なのです。そして、授業が終わった後に、想定が合っていたかどうかを振り返ると、子どもを観る目と対応力が高まります。

★………数多く書き、授業のPDCAサイクルを繰り返す

　たいへんなことではありますが、指導案はできるだけたくさん書きましょう。たくさん書くことで、授業の前に事前に想定しておくべきコツが分かってきます。つまり、どこに力を入れて準備すればいいかがつかめてくるのです。

　授業を良くするには、PDCAサイクルが肝心です。計画（P）、実践（D）、評価（C）、改善（A）のことですが、指導案で立てた計画（P）と、実際の授業（D）がどう違ったのか、どこに問題があったのかを、授業後に評価（C）して、次の授業に生かします（A）。

　指導案を書いて、授業後に振り返るPDCAサイクルの繰り返しが、授業を良くしていきます。

子どもの反応を書き出すと、授業に生きる指導案になる。

＋one point！　より効果的にするためには！

指導案を見れば、他の教師でも授業できるのが、良い指導案というものです。分かりやすい指導案で、参観者にはたくさんアドバイスをもらいましょう。

Chapter6
5

自分の課題が見えてくる
公開授業と研究協議の心構え

> 公開授業は、授業を見てもらうことが目的です。一方、研究授業というものもあります。こちらは、「(教師が) Aすれば、(児童は) Bとなる」というような仮説を検証するものです。ここでは、公開授業についてのポイントをお話します。

★………公開授業は買ってでもしよう

　アドバイスをもらうことで、人は成長できます。教師は子どもに日常的にアドバイスをしています。しかし教師は、アドバイスをもらう機会が、じつはあまり多くありません。授業においては、特にそうではないでしょうか。

　アドバイスをもらうには、公開授業が一番です。また、若いうちだからこそ言ってもらえることも多くあります。経験年数がたってからだと、気をつかわれて、ストレートに言ってもらいにくくなります。だからこそ、若いうちの公開授業は買ってでもしてほしいのです。

★………普段の工夫や取り組みを

　まるで子どもの「発表会」のような公開授業を目にすることがあります。これはいけません。

　そもそも公開授業をする目的は、なんでしょうか。それは、日々の授業改善です。公開授業内での工夫や取り組みを多くの教師に見てもらい、それについてアドバイスをもらうことで、日々の授業が改善されるのです。ですから、公開授業限定の工夫や取り組みを多くするというよりは、普段からしている工夫や取り組みを、公開授業に組み込むのがいいでしょう。

★……授業後の研究協議のポイント

　授業後の話し合いでは、「子どもが生き生きしていた」「多くの子どもが積極的だった」といった意見がよく出されます。しかし、この意見はいずれもきわめて主観的な視点によるものです。主観にとどまらず、何が「子どもを生き生きさせていたのか」「積極的にさせていたのか」というところまで話し合うことで、学びが深まります。

　時には、批判的な意見も出されます。実際、言われてしまうと悔しいでしょうが、謙虚な姿勢で、それらの意見にも耳を傾けましょう。厳しい意見こそ、成長させてくれるものです。

謙虚な人ほど大成します。悔しいことにも耳を傾けて！

＋one point！　より効果的にするためには！

　1年に一度は公開授業を行うことをおすすめします。積極的かつ謙虚な姿勢と毎年の積み重ねが、大きな成長を生みます。

Chapter6 「保護者の安心」と「子どもの成長」を核にする参観授業づくり

> 参観日を年間で計画していますか。毎回、参観日が近付いてきてはじめて、「何をしようかな……」などと慌てて考えてはいませんか。参観日は、保護者に担任としての取り組みを見てもらう絶好の機会です。1年の始めにしっかりとイメージをもつようにしましょう。

★………年間でどう仕組む？

1年間に学習参観日は何回ありますか。基本的には年に3回、多くても4回ではないでしょうか。そして、だいたい学期に1回程度ではないかと思います。

その年に3回程度の学習参観を、年間でどのように仕組むかということは、きわめて重要なことです。教師としては、年間を通して、保護者に子どもたちの成長を見てもらいたいものです。そこで私は、年間の学習参観を「リード・サポート・バックアップ」という考えの基に組み立てるようにしています。

★………1学期は「リード期」

例えば、1学期の学習参観が「4月下旬」に予定されている場合、まだ家庭訪問も終了していません。

「どんな先生なんだろう？」と、保護者にとっては1年間でもっとも担任の教師に興味をもつ時期と言ってもいいでしょう。

また、子どもたちもまだまだ新しい担任やクラスに慣れていない時期です。自分の一番自信のある教科の授業で、しっかり教師が「リード」してあげましょう。

★ ……… 2・3学期は「サポート期・バックアップ期」

　2学期には、子どもたちも保護者も十分に教師やクラスになじんでいる状態と言えます。1学期よりも子どもが活動する授業を仕組むといいでしょう。「協働学習」をメインに授業を組み立てるのも1つの方法です。

　3学期には、1年間のまとめとしてさらに子どもたちが活動する授業を仕組みましょう。「発表会形式」でもいいですし、「協働学習」を多く取り入れてもいいです。きっと、1年間の子どもたちの成長を保護者にも感じ取ってもらえると思います。

<1年間の参観授業の組み立て方(例)>

	内　容	ポイント
1学期	デジタル機器などを使用して子どもたちをグイグイ引っ張ってあげる。 **「一斉指導型」**	授業の流れをしっかりと押さえて臨みましょう。机間指導もより丁寧に行いましょう。
2学期	問題をグループで解く時間を多く取り入れる。 **「協働学習型」**	協働学習に入る前の導入を大切にしましょう。教えるべきことは導入で教えましょう。
3学期	今までの学習の成果をグループごとに発表 **「発表会型」**	子どもが困惑していたら、迷わず入って助けてあげましょう。

1学期は「リード」、2学期は「サポート」、3学期は「バックアップ」!

＋one point! より効果的にするためには!

「協働学習」「発表会形式」の授業で子どもたちがとまどいを見せていたら、しっかりと教師が「リード」してあげましょう。そうでないと、授業が「だれて」しまい、子どもたちも困惑してしまいます。

Chapter6 7 お得感のある工夫を尽くして保護者を巻き込む保護者会づくり

> 子どもたちの成長を見守る中で、保護者との連携は絶対に不可欠です。どうすれば保護者との関係を密にできるのか、悩む教師も多いのではないでしょうか。保護者会の組み立てにもポイントがあります。

★………基本は保護者の話を聞く

　私の経験では、教師が話してばかりの保護者会で、保護者が満足して帰ったという経験はありません。保護者が話をするからこそ、保護者を巻き込むことができるのです。
　そのため、私はまず、「最近、変わった様子はありませんか？」「学校のことで何か言っていませんか？」と話を振るようにしています。すると保護者のほうから話し始めてくれます。

★………保護者同士のつながりをもってもらう

　高学年になっても、案外、保護者同士のつながりというものは、ある特定の保護者同士でしかもっていないようです。ましてや低学年では、保護者は、自分の子どものクラスにはどんな親御さんがいるのだろうと緊張しているものです。
　そこで、アイスブレーキングとして、自己紹介がてら、お題の書かれたカードを引いてもらいます。「お子さんの良いところ」「最近の子育ての悩み」「ぜひ、他の保護者に聞きたいこと」などで笑いながら保護者会をスタートすることで、保護者同士のつながりをもつことができます。

★ 知りたいのは教師の理念とクラスの様子

　保護者がもっとも関心があるのは、教師の理念とクラスの様子です。そこでおすすめなのが、学級通信を発行し、その中に教師の考えを書いていくこと。また、保護者会の時には、学級通信をレジュメにして進めるといいでしょう。

　しかし、いくら言葉で説明してもイメージしにくいことがあります。そんな場合は、百聞は一見にしかず。普段の授業や学校の様子を映像にしてスクリーンで映すと、保護者は、「今年はこんなクラスで過ごしているんだ」とイメージしやすくなります。「楽しんで学校に行っている理由がよく分かりました」と言われることもしばしばで、保護者の信頼と安心感アップに役立ちます。

「ちょっと今年の先生は違うぞ！」というところを見せよう。

＋one point！　より効果的にするためには！

基本の姿勢として、子どもの良いところを伝えましょう。今年の先生は自分の子どもの良いところを探してくれると思うことから信頼感が高まり、その後の協力も大きく違ってくるものです。

Chapter6 8 「師匠」との出会いこそがスキルアップへの道！
時間外活動

> 「師匠」は、道しるべです。そんな人をつくりましょう。いつも先を歩いている気がします。でも、それだけではいけません。本当の「師匠」である人は、「自分を越えろ」と言ってくれます。つまり師匠は、「道しるべ」であり乗り越えるべき「目標」です。

★………「目標」がいる人と、いない人

　私は師匠と呼べる人に、学生の時に出会いました。その人は、社会科の実践家として、研究者として、そして、生徒指導主任をしながら部活動顧問としても結果を残すという、自分にとっては途方もない距離にいる、まさに雲の上の人でした。そして、今でも私には、目標の存在です。

　目指すものがあると、人は強いものです。それは、進む方向が分かるからです。また、その時の自分との距離を、いつも感じることができるからです。それゆえに、定期的に師匠とは会うようにしています。決してほめられたことはありませんが、いつか同じ場所に立つために、そしていつか越えるために、しっかりとその距離を感じ、自分の立ち位置を実感するのです。

★………時間はつくるもの

　「忙しくない人ほど『忙しい』と言う。本当に忙しい人は、『忙しい』などとは言わない」「仕事を頼まれたら受けろ。断ったところには二度と来ないぞ」「身銭を切れ」……。これらは、師匠からもらった、今も自分の中に生き続けている言葉です。そして、どんな時でも私は、その教えを守り、決して「忙しい」とは言わないようにしています。

　確かに、誰がどう考えても、仕事量が多いこともありますが、一つひとつ

進めていくことで、こなせるものです。2日も3日もかかる事務仕事など、そうそうありません。「やらなければならないことは、時間をつくってやれ。時間がないと言うな。時間はつくるものだ」……。師匠は厳しくアドバイスしてくれました。あれから10年、実践してきたことには意味がありました。時間をつくってしてきた読書数、まったくしてこなかった同期たちとの差は、千を超えます。言わずもがな、この差は大きいと確信しています。

★……「やらない」という目的のための「忙しい」という理由

「忙しいからできない（やらない）」というのは、じつは逆なのだと感じます。つまり、「やりたくないからやらない」という目的が先にあって、理由探しをしているのだということです。そして、確かに手っ取り早いのは、「時間がない」「忙しい」という理由を付けてしまうことなのだと感じます。しかし、この考えは、若い頃に戒めておかないと、時間がたつほどに差が開いてしまいます。何かに向かう時、まずは、冷静にやった場合とやらない場合の自分の10年後の姿を思い浮かべ、取り組むことをおすすめします。

教員1年目の時に差がなくても、10年たてば大きな差に！

＋one point！　より効果的にするためには！

尊敬する人におすすめの本を聞いてみましょう。そして、必ずすぐに購入するようにします。そうすれば、やみくもに勉強することもなくなります。

column

6 「すごい授業」を再現してみよう

　世の中には、「授業の名人」と言われる教師がいます。すでに故人になった先達にも、たくさんいます。こうした方々が行った代表的な授業は、書籍や映像で学ぶことができます。私のような凡人にはとうてい考えつかないような教材選択、想像を超えた授業の組み立て方、子どもの動かし方……。どれをとってみても、超一流の人がなせる授業です。

　しかし、とうてい及ばないからと、「名人」の授業に憧れるだけでは、授業力の向上にはなりません。「いつか、自分もあのような授業ができる力をつける」と目標において、日々の授業に取り組む姿勢が大切です。

　授業力向上のため、現在の自分の授業力を診断するために、名人たちが行い、記録されている授業を、実際に自身の教室で行ってみましょう。教材は準備されています。授業の組み立ても、発問も、流れも、分かっています。「材料」がすべてそろっている授業を、実際に自分で「調理」してみるのです。おそらく、「簡単なこと」と思われる人も多いことでしょう。私自身も、そう思い、軽い気持ちで授業を再現してみました。すると、どうでしょう。これが、まったくうまくいかないのです。同じ材料と器具を使っているにもかかわらず、名人の味にはとうてい及ばない授業ができあがってしまいます。

　「授業は生き物」とよく言われます。同じ教材、同じ発問が準備されていても、相手にする子どもが異なります。何よりも、授業を主導する教師のレベルがまったく異なっています。理想とはかけ離れた状況に愕然とすることもあります。しかし、そこからが勉強です。「なぜ、名人のようにできないのか」「どこが異なるのか」を分析・研究し、目標に近づくための学びが始まります。

　45分間の授業をすることは、教師でなくても、教育の素人でも可能です。しかし、子どもを熱中させ、学力形成を保障する授業を行うためには、何げなく見ていては気付かない「技」を磨き、日頃の授業によって育てられている子どもの質を鍛え上げなくてはなりません。そうして、名人に近い授業を再現することができるようになった時、授業の進め方のポイントが、うっすらとですが分かるようになっているはずです。

　何よりも授業の力量を高めるために、努力する教師でありたいものです。

執筆一覧表

執筆者	ページ
中嶋 郁雄	P.12-13、30、32-33、50、52-23、70、72-73、90、92-93、110、112-113、130
阿部 雅之	P.18-19、26-27、36-37、46-47、60-61、76-77、88-89、95、102、116-117、128-129
丸岡 慎弥	P.14-15、24-25、44-45、54-55、58-59、82-83、86-87、94、96、99、104、108、124-125
梶谷 真弘	P.16-17、20-21、42-43、56-57、62-63、80-81、98、103、120-121
山方 貴順	P.22-23、40-41、48-49、66-67、68-69、74-75、100、105、106、107、114-115、122-123
入口 謙太郎	P.28-29、34-35、38-39、64-65、78-79、84-85、97、101、109、118-119、126-127

編著者紹介

中嶋郁雄（なかしま いくお）

1965年、鳥取県生まれ。
1989年、奈良教育大学を卒業後、奈良県内の小学校で教壇に立つ。
新任の頃より「子どもが安心して活動することのできる学級づくり」を目指し、教科指導や学級経営、生活指導の研究に取り組んでいる。
子どもを伸ばすために「叱る・ほめる」などの関わり方を重視することが必要との主張のもとに、「中嶋郁雄の『叱り方』＆『学校法律』研究会」を立ち上げて活動を進めている。
著書に『新任3年目までに身につけたい「超」教師術！』『高学年児童、うまい教師はこう叱る！』『困った小学1年生、うまい教師の指導術』（すべて学陽書房）、『教師の道標──名言・格言から学ぶ教室指導』（さくら社）、『叱って伸ばせるリーダーの心得56』（ダイヤモンド社）、『「しなやかに強い子」を育てる──自律心を芽生えさせる教師の心得』（金子書房）、『クラス集団にビシッと響く！「叱り方」の技術』（明治図書出版）など多数ある。

・「中嶋郁雄の『叱り方』＆『学校法律』研究会」のブログ
shikarikata.blog.fc2.com/

執筆者紹介

阿部雅之 (あべ まさゆき)

1984 年、兵庫県生まれ。
現在、東大阪市の小学校で教諭を務める。
研究教科は社会科ながら、教育におけるユーモア論なども対象とし、活動している。
また、教育サークル「かにみそ会」代表として、さまざまなセミナーを主催している。

丸岡慎弥 (まるおか しんや)

1983 年、神奈川県生まれ。
大阪市公立小学校勤務。教育サークル「REDS 大阪」代表。銅像教育研究会代表。
事前学習法研究会会長。3 つの活動を通して、授業・学級経営・道徳についての実践を深め、
子どもたちへ、よりよい学び方・生き方を伝えるために奮闘中。
著書に『日本の心は銅像にあった』(育鵬社) があるほか、共著には『朝の会・帰りの会 基本とアイデア 184』など多数ある。

梶谷真弘 (かじたに まさひろ)

1986 年、大阪府生まれ。
2011 年、大阪教育大学大学院を修了後、大阪府立豊中支援学校に 4 年間勤務。
2015 年より大阪府茨木市立南中学校に勤務。
子どもがより良く学べる支援・指導の方略を研究している。
支援教育研究サークル「SPEC」を立ち上げ、代表として活動を進めている。

山方貴順 (やまがた たかのぶ)

1985 年、奈良県生まれ。
大阪教育大学卒業後、奈良市立小学校にて教鞭を執る。
社会科教育に加え、ESD の研究をしている。
理論と実践の高いレベルでの両立を目指し、奈良県小学校教科等研究会社会科部会や
教育サークル「かにみそ会」にて、仲間と共に切磋琢磨している。

入口謙太郎 (いりぐち けんたろう)

1984 年、大阪府生まれ。
近畿大学経営学部にて中学校・高校の教員免許を取得し、卒業。
その後、佛教大学通信教育部にて小学校の教員免許を取得。
現在は、大阪市立長吉小学校にて教鞭を執る。
教育サークル「REDS 大阪」所属。今年で教員生活 6 年目、日々の授業に奮闘中。

新任1年目でもうまくいく！
子どもの心をパッとつかむ
驚きの授業ルール

2016年3月10日　初版印刷
2016年3月18日　初版発行

編著者─────中嶋郁雄
ブックデザイン─笠井亞子
DTP制作────スタジオトラミーケ
イラスト────坂木浩子
発行者─────佐久間重嘉
発行所─────株式会社 学陽書房
　　　　　　　東京都千代田区飯田橋1-9-3　〒102-0072
　　　　　　　営業部　TEL03-3261-1111　FAX03-5211-3300
　　　　　　　編集部　TEL03-3261-1112　FAX03-5211-3301
　　　　　　　振　替　00170-4-84240
印刷─────加藤文明社
製本─────東京美術紙工
©Ikuo Nakashima 2016, Printed in Japan
ISBN978-4-313-65308-5　C0037

乱丁・落丁本は、送料小社負担にてお取り替えいたします。
定価はカバーに表示してあります。

大好評！　中嶋郁雄の「うまい教師」シリーズ

その場面、うまい教師はこう叱る！
◎ A5判 128頁　定価＝本体 1700円＋税
とっさのこの一言が子どもを変える！
困った場面をうまく叱りたい教師必携の一冊。

そのクレーム、うまい教師はこう返す！
◎ A5判 128頁　定価＝本体 1700円＋税
保護者から信頼される教師になるための、
知っておきたい保護者対応の基本がわかる本！

仕事がパッと片づく！　うまい教師の時間術
◎ A5判 128頁　定価＝本体 1700円＋税
年間のダンドリから毎日の仕事のこなし方まで、
忙しい教師のための人生を変える時間術！

そのクラス、うまい教師はこう動かす！
◎ A5判 124頁　定価＝本体 1700円＋税
クラスをリードし、子ども集団をうまく動かす力が身につく本。
すぐに実践できる方法が満載！

困った場面、ズバリ解決！　うまい教師の対応術
◎ A5判 144頁　定価＝本体 1700円＋税
授業、生活指導、休み時間……どんな教師も一度ならずと直面する
"問題"をスッキリ解消！

高学年児童、うまい教師はこう叱る！
◎ A5判 176頁　定価＝本体 1800円＋税
叱ることが苦手な教師でも、バシッと伝わる効果的な指導術、
すぐに生かせるワザが満載！

困った小学1年生、うまい教師の指導術
◎ A5判 168頁　定価＝本体 1900円＋税
「小1プロブレム」対策は、これでバッチリ！子どもを落ち着かせ、
成長を引き出すための指導法を具体的実践例とともに紹介。

| 学陽書房刊　中嶋郁雄の著書 |

新任3年目までに身につけたい「超」教師術！

◎A5判160頁　定価＝本体1700円＋税

学級担任としてのリーダーシップ、学級づくり、授業づくり、膨大な事務仕事のダンドリ、職場の人間関係、保護者対応……若い教師が必ずぶつかる「不安」「失敗」「困った」が、確かな「自信」へと変わる目からウロコのヒントやスキルアップ術が満載！

新任3年目までに身につけたい保護者対応の技術

◎A5判168頁　定価＝本体1700円＋税

教師のメンタルヘルスにもっとも影響を及ぼすという保護者対応。子ども同士がケンカをした時、学力に問題がある時、いじめの噂が流れた時……トラブルを回避し、対応が難しい保護者ともうまく関係を築くためのポイント、必殺ワザを紹介。

教師に必要な6つの資質

◎A5判224頁　定価＝本体1700円＋税

いま、学級経営に求められるのは担任教師のリーダーシップ。自分の理想とする学級づくりを切望する教師が、自信と希望をもって教室に向かえるようになるために。

しつけに使える学校の妖怪・怖い話

◎四六判148頁　定価＝本体1600円＋税

妖怪が教える子どもの生活習慣。15のオリジナルな学校の妖怪が登場。朝の会、道徳、学活の時間はもちろん、林間学校・修学旅行の夜に最適。「教育的な視点」で書かれた「妖怪伝説」「怪談」の本。